# अंकों की कहानी

# अंकों की कहानी

गुणाकर मुळे

ज्ञान-विज्ञान प्रकाशन

नई दिल्ली-110 002

ISBN : 978-81-902713-1-8

**मूल्य :** ₹200



**पहला संस्करण** : 1989
**छठा संस्करण** : 2024

**प्रकाशक :** ज्ञान-विज्ञान प्रकाशन
1-बी, नेताजी सुभाष मार्ग, दरियागंज
नई दिल्ली-110 002

**मुद्रक :** बी.के. ऑफसेट
नवीन शाहदरा दिल्ली-110 032

ANKON KI KAHANEE
by Gunakar Muley

# अपनी बात

प्राचीन काल में हमारा देश ज्ञान-विज्ञान के क्षेत्र में संसार के किसी भी दूसरे सभ्य देश से पीछे नहीं था। मध्ययुग में अरब देशों ने और यूरोप के देशों ने भारतीय विज्ञान की बहुत-सी बातें सीखीं। लेकिन यदि पूछा जाए कि विज्ञान के क्षेत्र में संसार को भारत की सबसे बड़ी देन कौन-सी है, तो उत्तर होगा—आज की हमारी अंक-पद्धति !

आज की हमारी अंक-पद्धति में केवल दस संकेत हैं—शून्य और नौ अंक-संकेत। इन दस अंक-संकेतों से हम बड़ी-से-बड़ी संख्या लिख सकते हैं। इन दस अंक-संकेतों के अपने स्वतंत्र मान हैं। इसके अलावा, हर अंक-संकेत का, संख्या में उसके स्थान के अनुसार, मान बदलता है। स्थानमान और शून्य की यह धारणा ही इस अंक-पद्धति की विशेषता है।

हमें गर्व है कि इस वैज्ञानिक अंक-पद्धति की खोज भारत में हुई है। सारे संसार में आज इसी भारतीय अंक-पद्धति का इस्तेमाल होता है।

लेकिन यह अंक-पद्धति मुश्किल से दो हजार साल पुरानी है। उसके पहले हमारे देश में और संसार के अन्य

देशों में भिन्न-भिन्न अंक-पद्धतियों का इस्तेमाल होता था। आज की इस वैज्ञानिक अंक-पद्धति के महत्त्व को समझने के लिए उन पुरानी अंक-पद्धतियों के बारे में भी जानना जरूरी है। इस पुस्तक में मैंने देश-विदेश की पुरानी अंक-पद्धतियों की जानकारी दी है। तदनंतर, इस शून्यवाली नई अंक-पद्धति के आविष्कार की जानकारी। यह भारतीय अंक-पद्धति पहले अरब देशों में और बाद में यूरोप के देशों में कैसे फैली, इसका भी रोचक वर्णन इस पुस्तक में है।

जहाँ तक मेरी जानकारी है, भारतीय भाषाओं में यह अपनी तरह की पहली पुस्तक है। आशा है, विद्यार्थी एवं सामान्य पाठक इसे उपयोगी पाएँगे।

'अमरावती'
सी-210, पांडव नगर
दिल्ली-110092

गुणाकर मुले

# क्रम

# अंकों की शक्ति

केवल दस चिह्न; केवल दस संकेत...

1, 2, 3, 4, 5, 6, 7, 8, 9, 0।

यही हैं दस अंक-संकेत। हम अपनी लिपि में इन्हें इस तरह लिखते हैं। दूसरी लिपियों में और दूसरे देशों में इन्हें कुछ दूसरी तरह लिखा जाता है। लेकिन सारी दुनिया में अब अंकों की संख्या दस ही है।

इन्हीं अंक-संकेतों से सारी संख्याएँ बनती हैं। संख्या चाहे कितनी भी बड़ी क्यों न हो, उसे इन दस अंकों से लिखा जा सकता है। दूसरी ओर, संसार की प्रायः हर वस्तु को संख्या में लिखा जा सकता है। लगता है कि हमारा यह विश्व सचमुच ही संख्यामय है!

पग-पग पर हमें अंकों की जरूरत पड़ती है। गणित में अंकों की जरूरत पड़ती है; हिसाब-किताब में, माप-तौल में, यहाँ तक कि जीवन के हर व्यापार में संख्याओं की जरूरत पड़ती है। और संख्याएँ इन्हीं दस अंकों में लिखी जाती हैं।

आज हम कल्पना भी नहीं कर सकते कि आदमी यदि इन दस अंकों का और इनसे बनी हुई संख्याओं का

इस्तेमाल करना छोड़ दे तो दुनिया का क्या हाल होगा !

हमारे मन में सवाल उठते हैं : कब से इन अंकों को हम जानते हैं ? किसने इनकी खोज की ? किस देश में पहली बार इनकी खोज हुई ?

वास्तव में, इन अंकों के चिह्न उतने महत्त्व के नहीं हैं । इनकी जगह पर किन्हीं भी दस चिह्नों को लिया जा सकता है । महत्त्व की बात है इनकी संख्या दस, और केवल दस, होना ।

महत्त्व की बात है इन दस चिह्नों में एक चिह्न शून्य का होना । यदि इन दस चिह्नों में शून्य का चिह्न न हो तो फिर शेष नौ चिह्न महत्त्व के नहीं रह जाते । शून्य का अर्थ है, कुछ नहीं ! पर यह शून्य का संकेत न होता तो हम केवल इन दस चिह्नों से बड़ी-बड़ी संख्याओं को लिख ही नहीं सकते थे । इन दस संकेतों में से प्रत्येक का अपना एक स्वतंत्र अर्थ है । इसके अलावा, ये संकेत संख्या में जो स्थान ग्रहण करते हैं, उसके अनुसार भी इनका अर्थ बदलता रहता है ।

जैसे, 1 का अर्थ है केवल एक । पर इसी 1 का संख्या 12 में अर्थ होगा दस । संख्या 12345 में इसी 1 का अर्थ होगा दस हजार ! इस प्रकार हम देखते हैं कि संख्या में कोई भी अंक एक स्थान पीछे या एक स्थान आगे जाता है तो उसका मान दस गुना बढ़ जाता है या दस गुना घट जाता है ।

अंकों के चिह्नों से गिनती करने की जो योजना

बनती है उसे हम **अंक-पद्धति** कहते हैं। दस अंकों की सहायता से जो अंक-पद्धति बनती है उसे हम **दाशमिक अंक-पद्धति** कहते हैं। संख्या में अंकों के स्थान के अनुसार उनका मान घटता-बढ़ता रहता है, इसलिए ऐसी अंक-पद्धति को हम **दाशमिक स्थानमान अंक-पद्धति** कहते हैं। आज संसार के सारे सभ्य देशों में इसी स्थानमान युक्त दाशमिक अंक-पद्धति का इस्तेमाल होता है।

इस अंक-पद्धति का आविष्कार हमारे देश में हुआ। शून्य का आविष्कार हमारे देश में हुआ। हम गर्व के साथ कह सकते हैं कि विज्ञान के क्षेत्र में संसार को भारत की यह सबसे बड़ी देन है।

हम जानते हैं कि शून्यवाली इस अंक-पद्धति का आविष्कार कब हुआ। इसका आविष्कार हुए दो हजार साल भी नहीं हुए हैं। लेकिन उसके पहले भी हमारे देश में गिनतियाँ होती थीं, अंकों के चिह्न थे, संख्याएँ लिखी जाती थीं। पर उन्हें लिखने में या उनकी सहायता से गणना करने में बड़ी कठिनाइयाँ थीं।

दूसरे देशों में भी अलग-अलग अंक-पद्धतियाँ थीं। अलग-अलग देश, अलग-अलग लिपियाँ, अलग-अलग अंक-पद्धतियाँ। पर भारत की इस वैज्ञानिक अंक-पद्धति के सामने कोई भी अंक-पद्धति नहीं टिक पाई। आज सारे संसार में भारतीय अंक-पद्धति का ही इस्तेमाल होता है। इतना ही नहीं, बहुतों को यह जानकर आश्चर्य होगा

कि अंग्रेजी के साथ जो अंक लिखे जाते हैं, उनका विकास हमारे देश के ब्राह्मी अंक-संकेतों से हुआ है। उन्हें 'अंग्रेजी अंक' या 'अरबी अंक' कहना ठीक नहीं है। इसीलिए आज हम उन्हे 'भारतीय अंतर्राष्ट्रीय अंक' कहते हैं।

अब हमें देखना है कि गिनती की शुरुआत कब हुई, अंकों का जन्म कब हुआ। शून्य का आविष्कार होने के पहले हमारे और अन्य देशों में अंक कैसे लिखे जाते थे, शून्य का आविष्कार कब हुआ, भारतीय अंक-पद्धति का दूसरे देशों में किस प्रकार प्रचार हुआ, इत्यादि।

आओ, शुरू से ही खोजबीन करें…।

# गणना का आरंभ

वैज्ञानिकों ने कुछ पशुओं और पक्षियों की गणना-शक्ति के बारे में प्रयोग किए हैं । पता चला है कि कुछ पशु और पक्षी 1 या 2 और 2 या 3 वस्तुओं के भेद को समझते हैं ।

तीन-चार लाख साल पहले के मानव ने पत्थर के हथियार बनाना शुरू कर दिया था । उसके पास एक पत्थर का हथियार है, या दो हथियार हैं या पाँच हथियार हैं, इस बात को वह जरूर समझता होगा । वह इस बात को भी समझता होगा कि उसने एक दिन में एक जानवर का शिकार किया या दो जानवरों का ।

उस जमाने के आदमी के हाथ में भी पाँच उँगलियाँ होती थीं । दोनों हाथों की दस उँगलियाँ होती थीं । हाथ की इन उँगलियों के साथ वस्तुओं का संबंध जोड़-जोड़कर वह 5 या 10 तक की गिनती जरूर कर लेता होगा । हमारे आज के कुछ शब्दों पर विचार करने से यह बात स्पष्ट हो जाती है ।

अंग्रेजी में एक शब्द है 'डिजिट', जिसका अर्थ होता है अंक । यह शब्द लातिन भाषा के 'डिजिटुस्' शब्द से बना है और इसका मूल अर्थ है उँगली । यूनानी भाषा का

'पेंते' और जर्मन भाषा का 'फीम्फ' शब्द आज 5 के लिए इस्तेमाल होता है, पर इनका पुराना अर्थ है 'हाथ का पंजा'। हाथ के पंजे में पाँच उँगलियाँ होती हैं, इसीलिए 'पंजा' शब्द संख्या 5 का द्योतक बन गया। इसी प्रकार हम देखते हैं कि बहुत-सी बोलियों में 'आँखें' शब्द का अर्थ संख्या 'दो' भी होता है!

आज भी ऐसी अनेक आदिम-जातियाँ हैं जिनकी बोलियों में पाँच से अधिक के लिए शब्द नहीं मिलते। कई तो ऐसी भी आदिम-जातियाँ हैं जिनकी बोलियों में गिनती के लिए केवल 'एक' 'दो' और 'अनेक' अर्थवाले ही शब्द मिलते हैं। तस्मानिया के आदिवासियों की बोली में गिनती के लिए केवल तीन शब्द थे—पारमेरी (एक), कालाबावा (दो) और कार्दिया (बहुत)। न्यूहॉलैंड के आदिवासियों की बोली में तीन और चार के लिए स्वतंत्र शब्द नहीं थे। वे तीन को 'दो-एक' और चार को 'दो-दो' कहते थे। अंदमान द्वीपों के आदिवासी केवल दो शब्दों से 10 तक की गिनती करते रहे हैं—उबातुल (एक) और इक्पोर (दो)। हमारे देश की कई आदिम-जातियों की गिनती का भी यही हाल है।

हमारी भाषाओं के माता, पिता आदि कुछ शब्द बहुत प्राचीन हैं। उसी प्रकार, हमारी भाषाओं के एक से पाँच तक की संख्याओं के शब्द भी बहुत पुराने हैं। संस्कृत, यूनानी, लातिन आदि प्राचीन भाषाओं में एक से दस तक की संख्याओं के लिए लगभग एक-जैसे शब्द

मिलते हैं। इससे यह भी पता चलता है कि प्राचीन काल में इन भाषाओं को बोलनेवाले लोग एक स्थान पर रहते थे। कभी-कभी पुराने लेखों में पाए गए संख्या-शब्द प्राचीन इतिहास पर नया प्रकाश डालते हैं। आज से लगभग साढ़े तीन हजार साल पहले के, कीलाक्षर लिपि में लिखे हुए, पश्चिम-एशिया से कुछ लेख मिले हैं। इनमें इंद्र, वरुण, मित्र आदि देवताओं के नाम मिलते हैं। घोड़ों को सिखाने के बारे में एक पुस्तक भी मिलती है। इस पुस्तक में 'एक घुमाव', 'दो घुमाव' 'सात घुमाव' आदि के लिए हमारी संस्कृत भाषा-जैसे शब्द मिलते हैं।

इन शब्दों को देखने से ही पुराविदों ने जाना है कि किसी समय आर्य-परिवार की भाषा बोलनेवाले लोग पश्चिम-एशिया में शासन करते थे। तात्पर्य यह कि, संख्यावाची शब्द बहुत पुराने हैं और इनसे लोगों के पुराने संबंध जानने में मदद मिलती है।

पुरानी भाषाओं के व्याकरण का और आदिम समाज के गिनती के तरीके का भी गहरा संबंध है। हम देख चुके हैं कि आदिम समाजों में गिनती के लिए प्रायः केवल तीन शब्दों का ही इस्तेमाल होता रहा है—एक, दो और अनेक। दूसरी ओर, हम जानते हैं कि मिस्री, अरबी, हिब्रू, संस्कृत, यूनानी आदि प्राचीन भाषाओं में तीन वचनों का प्रयोग होता था— एकवचन, द्विवचन और बहुवचन। प्राचीन भाषाओं में ये तीन वचन होने का स्पष्ट कारण यह है कि पुराने जमाने के लोग गिनती में

केवल तीन शब्दों का ही व्यवहार करते थे–'एक', 'दो' और 'बहुत'। उदाहरण के लिए, मिस्र की प्राचीन हाइरोग्लिफिक लिपि में एक वस्तु के लिए एक खड़ी लकीर खींची जाती थी, दो वस्तुओं के लिए दो लकीरें (।।) और दो से अधिक वस्तुओं के लिए तीन लकीरें (।।।)!

लिपि के अक्षरों का आविष्कार करने के बहुत पहले आदमी ने अंकों के चिह्नों का आविष्कार कर लिया था। प्रायः हर प्राचीन सभ्यता में हम गिनती के लिए खड़ी या आड़ी लकीरें देखते हैं। जितनी वस्तुएँ उतनी लकीरें। यही थे सबसे पुराने अंक-संकेत। आज के आदिवासी और सभ्य समाजों के हमारे बच्चे भी इन्हीं लकीरों का इस्तेमाल करते देखे जाते हैं–जितनी वस्तुएँ उतनी लकीरें!

लेकिन धीरे-धीरे संख्या-संकेतों का विकास होता गया। बड़ी-बड़ी संख्याओं के छोटे और स्वतंत्र चिह्न भी बनने लगे। आओ, हम देखें कि पुराने जमाने में किस देश में किस प्रकार के अंक लिखे जाते थे…

# प्राचीन मिस्र के अंक

हमारी आज की अंक-पद्धति को जन्म लिए मुश्किल से दो हजार साल हुए हैं। केवल कुछ शताब्दियाँ पहले ही यूरोप के देशों में इसका प्रचार हुआ है।

हमारी इस अंक-पद्धति के पहले हमारे और दूसरे देशों में अंक लिखे जाते थे, गणनाएँ होती थीं। पुराने जमाने के अंक कैसे थे, कैसे लिखे जाते थे, उनको लिखने में क्या-क्या कठिनाइयाँ थीं, आदि बातों को जानना बड़ा जरूरी है। तभी हम आज के हमारे अंकों की विशेषता को समझ सकते हैं। साथ ही, हमें यह भी जानकारी मिलती है कि धीरे-धीरे आदमी की बुद्धि ने किस प्रकार विकास किया।

हमारे देश के कुछ लोग प्रचार करते रहते हैं कि पुराने जमाने में हमारा देश ज्ञान-विज्ञान में संसार के सारे देशों से आगे था। हमारे ऋषि-मुनि सभी कुछ जानते थे। वेदों में दुनिया का सारा ज्ञान भरा हुआ है; इत्यादि।

परंतु ये बातें सही नहीं हैं। वेदों की रचना होने के कम से कम हजार साल पहले मिस्र और मेसोपोटामिया में बहुत सारा साहित्य लिखा गया था; गणित की पुस्तकें

भी लिखी गई थीं। आज भले ही हमें उनका गणित पिछड़ा हुआ लगता हो, पर हमें यह जरूर ध्यान में रखना चाहिए कि आज से लगभग पाँच हजार साल पहले उन्होंने अंक-पद्धतियों को जन्म दिया था और गणित पर उन्होंने पुस्तकें भी लिखी थीं।

आज से पाँच हजार साल पहले मिस्र के इतिहास का आरंभ होता है। उस समय मिस्र में लिपि और अंक जन्म ले चुके थे। बड़ी-बड़ी संख्याओं को लिखने के लिए भी अंक-संकेत थे। जैसे, ईसा से 3000 साल पहले के एक मिस्री राजा का लेख मिलता है, जिसमें 400000 बैलों को, 1422000 बकरों को और 120000 आदमियों को अंक-संकेतों से दर्शाया गया है। मिस्र की प्राचीन हाइरोग्लिफिक लिपि में संख्याओं को लिखने में इन अंक-संकेतों का इस्तेमाल होता था :

10 100 1000 10,000 1,00,000 10,00,000

*प्राचीन मिस्र के अंक-संकेत*

1 से 9 तक की संख्याएँ खड़ी लकीरों से लिखी जाती थीं; जैसे, 9 = ।।।।।।।।।; 10 के लिए एक स्वतंत्र संकेत था। इसी प्रकार, 100, 1000, 10,000 और 1,000,00 के लिए भी स्वतंत्र चिह्न थे। हम देखते हैं कि हजार के लिए कमलनाल का चित्र है; दस हजार के लिए अंगुली का चित्र है और एक लाख के लिए एक पक्षी

(अबाबील) का चित्र है। दस लाख के लिए दोनों हाथ ऊपर उठाए एक बैठे हुए आदमी का चित्र है—मानो वह कह रहा हो कि यही सबसे बड़ी संख्या है।

प्राचीन मिस्र के गणितज्ञों को शून्य का ज्ञान नहीं था। इसलिए उनकी अंक-पद्धति में स्थानमान के लिए भी कोई स्थान नहीं था। संख्याओं को लिखने के लिए उन्हें बहुत सारे संकेतों का इस्तेमाल करना पड़ता था। एक उदाहरण—

20000 + 7000 + 500 + 20 + 9 = 27529.

यहाँ हम देखते हैं कि संख्या 27529 को लिखने में जहाँ हमें केवल पाँच संकेतों का इस्तेमाल करना पड़ता है, वहाँ मिस्र के गणितज्ञों को कुल 25 संकेतों का इस्तेमाल करना पड़ता था!

संख्याओं को लिखने में इतनी कठिनाई होने पर भी आज से चार हजार साल पहले मिस्र का गणित काफी प्रगति कर चुका था। उस जमाने की पेपीरस कागज़ पर लिखी हुई गणित की कई पुस्तकें मिली हैं। प्राचीन मिस्र के अंकगणित का मूल परिकर्म था, जोड़ना। दो संख्याओं का गुणन या भाग वे जोड़ने की क्रिया से ही पूरा करते थे। उदाहरण के लिए, 12 × 12 का हल वे इस प्रकार प्राप्त करते थे :

| | |
|---|---|
| 1 | 12 |
| 2 | 24 |
| √4 | 48 |
| √8 | 96 |
| | 144 |

यहाँ बाईं ओर के स्तंभ की 4 और 8 संख्याओं को मिलाने से संख्या 12 मिलती है। इन दो संख्याओं के सामने की दाईं ओर की संख्याओं को मिलाने से 12 × 12 का सही उत्तर मिलता है, 144। भाग की क्रिया के लिए भी वे इसी लंबे तरीके का इस्तेमाल करते थे।

अंक-पद्धति इतनी कठिन होने पर भी मिस्र के गणितज्ञ गणित में बहुत उन्नति कर चुके थे। सामान्य अंकगणित के सारे परिकर्म वे जानते थे। बीजगणित के समीकरणों को भी वे हल करना जानते थे। ज्यामिति में तो वे बहुत ही उन्नति कर चुके थे। शुरू-शुरू में यूनान के थेल, पाइथेगोर आदि गणितज्ञों ने मिस्र की ज्यामिति के बारे में बहुत-सी बातें जानी थीं।

मिस्र की नील नदी में हर साल एक निश्चित समय पर बाढ़ आती है। बाढ़ के उतर जाने पर खेतों को पुनः मापकर उनका बँटवारा करना पड़ता था। इसलिए खेतों के मापने के तरीके को वे अच्छी तरह जानते थे। इसीलिए प्राचीन मिस्र में क्षेत्र-मापन या सर्वेक्षण का विकास हुआ था। इसके साथ-साथ ज्यामिति का भी विकास हुआ। इसीलिए यूनानियों को मिस्र से ज्यामिति

के बारे में नई बातें जानने को मिली थीं।

पर यूनानियों ने मिस्र की अंक-पद्धति को नहीं अपनाया; क्योंकि उनकी अपनी स्वतंत्र अंक-पद्धति थी। प्राचीन मिस्र की यह अंक-पद्धति लगभग तीन हजार साल तक जीवित रही। उसके बाद प्राचीन मिस्र की सभ्यता के विनाश के साथ-साथ इस अंक-पद्धति का भी विनाश हुआ।

# सुमेरी-बेबीलोनी अंक-पद्धति

पश्चिम एशिया के इराक देश से बहती हुई दजला और फरात नदियाँ फारस की खाड़ी में गिरती हैं। आज से लगभग पाँच हजार साल पहले इन नदियों के मुहाने के पास सुमेरी लोगों की बस्तियाँ थीं। सुमेरी लोगों ने लिपि का आविष्कार किया था। वे मिट्टी के फलकों पर लिखते थे।

सुमेरी लोगों के उत्तर में अक्कदी लोग रहते थे। बाद में इन अक्कदी लोगों ने सुमेरियों की भूमि पर अधिकार जमा लिया था। अक्कदियों ने सुमेरियों की कई बातों को अपना लिया था। उन्होंने अपनी भाषा के लिए सुमेरी लिपि को अपनाया, सुमेरी अंकों को अपनाया। बेबीलोन नगरी अक्कदियों की राजधानी थी, इसलिए अक्कदियों को बेबीलोनी भी कहते हैं।

इराक के पुराने नगरों की खुदाई हुई तो वहाँ से लिखे हुए हजारों फलक मिले हैं। सूखी मिट्टी के होने के कारण ही ये जमीन के भीतर भी हजारों साल तक टिके रहे। दरअसल, बेबीलोनी राजाओं के पुराने पुस्तकालय ही,

पुराविदों ने खोज निकाले हैं । इनमें हिसाब-किताब और गणित के बारे में भी पुस्तकें (फलक) मिली हैं । इन्हीं का अध्ययन करने से सुमेरी और बेबीलोनी अंक-पद्धति और गणित के बारे में हमें जानकारी मिली है ।

हमारी गणना का आधार दस है; अर्थात् दस-दस के क्रम से गिनती होती है । प्रायः सभी प्राचीन सभ्यताओं में गणना का आधार दस ही रहा है । हमने देखा है कि मिस्र में भी गणना का आधार दस ही था । पर यहाँ सुमेर-बेबीलोन में हम दूसरी ही स्थिति देखते हैं ।

शुरू में सुमेर में भी गणना का आधार दस ही रहा होगा, पर बाद में हम देखते हैं कि वहाँ गणना का आधार 60 बन गया था । दरअसल, सुमेर-बेबीलोन के लोग 10 और 60, दोनों ही आधारों का इस्तेमाल करते देखे जाते हैं ।

सो कैसे ?

एक से नौ तक की संख्याओं को वे इतनी ही खड़ी लकीरों से लिखते थे; इस प्रकार :

| | | | | |
|---|---|---|---|---|
| 0 | 6 | 12 | 60 | 120 |
| 1 | 7 | 20 | 70 | 180 |
| 2 | 8 | 21 | 80 | 200 |
| 3 | 9 | 30 | 90 | |
| 4 | 10 | 40 | 100 | |
| 5 | 11 | 50 | 101 | |

$\frac{1}{2}$ =   $\frac{1}{3}$ =   $\frac{2}{3}$ =   $\frac{5}{6}$ =

*बेबीलोनी अंक-संकेत*

10 के लिए एक स्वतंत्र संकेत था। 20, 30 आदि संख्याएँ इसी संकेत को दोहराकर लिखी जाती थीं। 59 तक की संख्याएँ खड़ी लकीरों और 10 के चिह्नों की मदद से लिखी जाती थीं।

परंतु 60 के लिए पुन: 1 के संकेत का इस्तेमाल किया जाता था। इसी एक संकेत का इस्तेमाल 60 × 60, 60 × 60 ×60 के लिए यानी 60 के किसी भी घात के लिए भी होता था। इसी प्रकार 10 के चिह्न का इस्तेमाल, न केवल 10 के लिए, बल्कि 10 × 60, 10 × $60^2$, 10 × $60^3$ इत्यादि के लिए भी होता था।

इस प्रकार हम देखते हैं कि आज से चार-पाँच हजार साल पहले सुमेर-बेबीलोन में दाशमिक और षाष्ठिक अंक-पद्धतियों के मेलजोल का इस्तेमाल होता था। दाशमिक अंक-पद्धति के इस्तेमाल की बात तो समझ में आ जाती है, क्योंकि हमारे हाथ की उँगलियाँ दस हैं और इन्हीं उँगलियों से गिनती की शुरुआत हुई है। पर सुमेर वालों ने यह 60 का आधार क्यों पसंद किया, इसे आज हम नहीं जान सकते।

गणना के आधार के लिए 10 की बजाय कोई भी अन्य संख्या ली जा सकती है। यदि गहराई से देखा जाए तो 10 की बजाय 12 या 16 या 60 के आधार बेहतर ही हैं। 10 को हम केवल 2 और 5 से ही पूर्ण भाग दे सकते हैं, परंतु 60 को हम 2, 3, 4, 5, 6, 10, 12, 15, 20 और 30 से भाग दे सकते हैं! वृत्त की परिधि के विभाजन में भी

संख्या 60 महत्त्व की है। सुमेरी लोग यह भी मानते थे कि एक साल में 360 दिन होते हैं। इन्हीं सब कारणों से उन्होंने 60 को एक रहस्यमय संख्या मान लिया हो।

बहुत बाद में जाकर बेबीलोनवालों ने शून्य के संकेत को भी जन्म दिया था; पर वे उसके इस्तेमाल को ठीक से न समझ सके। सुमेरी-बेबीलोनी अंक-पद्धति में शून्य न होने से इसे वैज्ञानिक नहीं कहा जा सकता था। इसीलिए बाद में यह अंक-पद्धति भी लुप्त हो गई। पर सुमेर की षाष्ठिक गणना-पद्धति आज भी हमारे बीच जीवित है। कोण की डिग्रियों को या घंटे को हम आज भी 60 मिनटों में और एक मिनट को 60 सेकंडों में विभाजित करते हैं। यह पद्धति सुमेर-बेबीलोनवालों की ही देन है। बेबीलोन में गणित ने काफी उन्नति की थी। पाइथेगोर के भी बहुत पहले वे पाइथेगोर के नाम से प्रसिद्ध प्रमेय की खोज कर चुके थे। यूनानवालों ने बेबीलोनवालों से गणित और ज्योतिष की बहुत-सी बातें सीखी थीं।

# चीन की अंक-पद्धति

चीन की सभ्यता लगभग उतनी ही प्राचीन है जितनी कि भारत, मेसोपोटामिया और मिस्र की सभ्यताएँ। आज से लगभग चार हजार वर्ष पहले चीनी लोग लिपि का आविष्कार कर चुके थे और अंकों की खोज तो वे इसके भी बहुत पहले कर चुके थे।

चीनी भाषा मुख्यतः एकाक्षरी है। एक से 10 तक के अंक और सौ, हजार तथा दस हजार के लिए भी चीनी में एकाक्षरी शब्द हैं। यही कारण है कि चीनी लिपि की तरह चीनी अंकों के लिए भी बहुत प्राचीन काल में स्वतंत्र संकेत अस्तित्व में आए थे और आज भी उन्हीं संकेतों का इस्तेमाल होता है।

| 一 | 二 | 三 | 四 | 五 |
|---|---|---|---|---|
| 1 | 2 | 3 | 4 | 5 |
| 六 | 七 | 八 | 九 | 十 |
| 6 | 7 | 8 | 9 | 10 |

*चीनी अंक-संकेत*

संख्याएँ ऊपर से नीचे या बाईं ओर से दाईं ओर को लिखी जाती हैं। उदाहरण के लिए–

六 百 七 十 八 = 678

यहाँ संख्या 678 को लिखने के लिए पाँच संकेतों का इस्तेमाल हुआ है। ये संकेत बाईं ओर से क्रमशः 6, 100, 7, 10 और 8 के हैं। इस चीनी अंक-पद्धति में शून्य की व्यवस्था न होने के कारण ही उन्हें यहाँ 6 और 7 के आगे क्रमशः सैकड़ा और दहाई के संकेत लिखने पड़े हैं। जाहिर है कि इस अंक-पद्धति में अंकों की संख्या बढ़ जाती है और इनसे गणनाओं में असुविधा होती है।

चीनियों ने एक अन्य दंड अंक-पद्धति को भी जन्म दिया था। रोमन लोग कंकड़ों से गणना करते थे, तो प्राचीन काल में चीनी लोग दंडों की सहायता से गणना करते थे। इसीलिए आज से दो हजार साल पहले वहाँ दंड-अंक अस्तित्व में आए थे। इन दंड-अंकों को इस प्रकार लिखा जाता था :

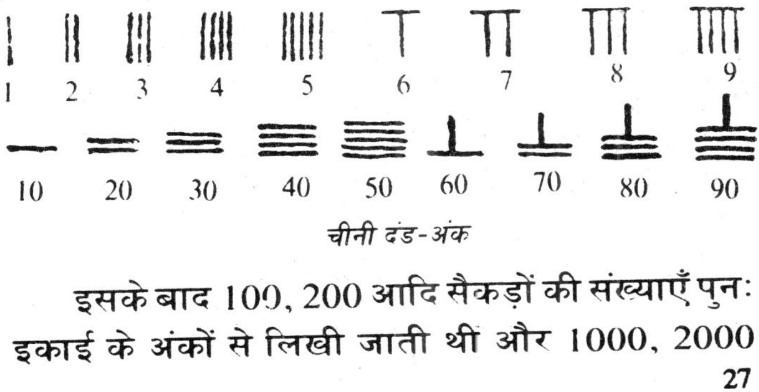

1 2 3 4 5 6 7 8 9

10 20 30 40 50 60 70 80 90

*चीनी दंड-अंक*

इसके बाद 100, 200 आदि सैकड़ों की संख्याएँ पुनः इकाई के अंकों से लिखी जाती थीं और 1000, 2000

आदि संख्याएँ दहाई के अंकों मे। और यह सिलसिला आगे भी इसी तरह चलता रहता था। इस दंड अंक-पद्धति में स्थानमान का इस्तेमाल होता था और आगे जाकर चीनी लोग शून्य के संकेत का भी इस्तेमाल करने लग गए थे। दंड-अंकों के कुछ उदाहरण :

1. ≣ ||| ⊥ || = 4372

2. तेरहवीं सदी की गणित की एक पुस्तक में 147,00,00 – 644,64 = 1405536 को इस प्रकार लिखा गया है :

|≣O≣ ||||| = T    |≣ TT OOOO

TX|||| ⊥X

इस उदाहरण में घटाई जानेवाली संख्या दाईं ओर नीचे है और शेष को बाईं ओर लिखा गया है। यहाँ शून्य के लिए गोलाकार चिह्न है और 4 के लिए ।।।। के अलावा × चिह्न का भी इस्तेमाल हुआ है।

चीन में एबैकस से गणना करने का रिवाज बहुत पुराना है। आज भी वहाँ कार्यालयों, बैंकों, स्कूलों आदि में एबैकस का बहुत इस्तेमाल होता है। चीनी लोग एबैकस की सहायता से गणना करने में बड़े कुशल होते हैं।

# मय सभ्यता की अंक-पद्धति

अमरीका का नया इतिहास मुश्किल से पाँच सौ साल पुराना है। कोलंबस ने जब नई तरह से अमरीका की खोज की, तो बड़ी संख्या में यूरोप के लोग अमरीका में जाकर बसने लग गए थे। आज इन्हीं लोगों का अमरीका के देशों में प्रभुत्व है।

परंतु इसके पहले भी अमरीका में लोग बसते थे और वे स्वतंत्र रूप से एक सभ्यता को जन्म दे चुके थे। कुछ मानों में ये लोग काफ़ी पिछड़े हुए थे। जैसे, ये लोहे के हथियार और गाड़ी के पहिए से परिचित नहीं थे। पर दूसरी ओर ये बहुत विकास कर चुके थे। पिरामिडों जैसे मंदिर बनाते थे, बहुत पहले लिपि की खोज कर चुके थे और कागज बनाना भी जानते थे। लेकिन इन्होंने सबसे अधिक उन्नति की थी काल-गणना और अंक-गणना में। मध्य अमरीका के मय लोगों का पंचाग यूरोप के ग्रेगोरी पंचांग से बेहतर था और मय लोगों की अंक-पद्धति भी रोमन अंक-पद्धति से बेहतर थी। मय लोगों का इतिहास दो-तीन हजार साल पुराना है।

सोलहवीं सदी के स्पेनिश साम्राज्यवादियों ने मय लोगों के पुराने अवशेषों को बुरी तरह नष्ट किया है। खोज-खोजकर मय पुस्तकों को जमा किया गया और उनमें आग लगा दी गई। मुश्किल से तीन पुस्तकें बच पाई हैं। इन्हीं पुस्तकों के अध्ययन से पुनः मय लिपि और अंक-पद्धति की खोज हुई है। मय लोगों की अंक-पद्धति की खोज कुछ पहले हुई है, पर उनकी लिपि का उद्घाटन अभी कुछ साल पहले सोवियत वैज्ञानिकों ने किया है।

हमने देखा है कि प्रायः सभी पुरानी सभ्यताओं की अंक-पद्धति दस पर आधारित है। सुमेरी अंक-पद्धति का आधार 60 था। लेकिन मय अंक-पद्धति 20 पर आधारित थी।

इसका कारण ?

हमारे दोनों हाथों की उँगलियाँ दस हैं, इसीलिए प्राचीन काल में दस के आधारवाली गणना ने जन्म लिया था। लेकिन हमारे दो पैर भी हैं। दो हाथ और दो पैरों की कुल 20 उँगलियाँ होती हैं। यही कारण है कि मय लोगों ने बीस पर आधारित अंक-पद्धति को जन्म दिया था। 19 तक की संख्याओं को वे केवल दो संकेतों की सहायता से लिखते थे। ये दो संकेत थे—आड़ी लकीर और बिंदु। 1 के लिए एक बिंदु और 5 के लिए एक आड़ी लकीर का इस्तेमाल होता था। इस प्रकार आड़ी लकीरों के ऊपर बिंदुओं को रखते हुए वे 19 तक की संख्याएँ लिखते थे। वे शून्य का आविष्कार कर चुके थे और इसके लिए कौड़ी

की शकल के एक चिह्न का इस्तेमाल करते थे। इस चिह्न के ऊपर एक बिंदु रख देने पर यह 20 का चिह्न बन जाता था। इस प्रकार मय सभ्यता के 1 से 20 तक के अंक थे :

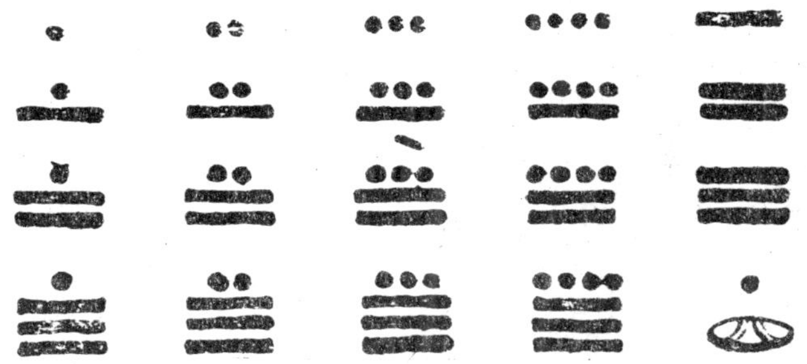

*मय अंक-पद्धति के अनुसार 1 से 20 तक की संख्याएँ*

बस, केवल इन्हीं संकेतों—शून्य, बिंदु और आड़ी लकीर—से वे सारी संख्याएँ लिख सकते थे। जैसे, कौड़ी के ऊपर एक बिंदु हुआ तो यह 20 की संख्या हुई। कौड़ी के ऊपर तीन आड़ी लकीरें हुईं तो यह 15 × 20 = 300 संख्या हुई। इस संख्या के ऊपर और दो बिंदु हुए तो यह 17 × 20 = 340 संख्या हुई। इस प्रकार मय लोग बड़ी से बड़ी संख्या लिखने में समर्थ थे; उदाहरण के लिए—

(8000 × 3 ) = 24000

(400 × 16) = 6400

(20 × 20) = 400

14 = 14

30814

हमारी वर्तमान अंक पद्धति की तुलना में मय अंक-पद्धति भले ही कुछ घटिया दर्जे की लगती हो, पर यूरोप की यूनानी और रोमन अंक-पद्धतियों से वह बेहतर थी, इसे यूरोप के विद्वान भी स्वीकार करते हैं।

हमें यह भी स्मरण रखना चाहिए कि मय लोगों ने स्वतंत्र रूप से शून्य-संकेत और शून्य की धारणा को जन्म दिया था। शून्य की खोज करने का दावेदार केवल भारत ही नहीं है। हमारी अंक-पद्धति दाशमिक थी और इसमें कुछ विशेषताएँ थीं, इसलिए आज सारे संसार में इसका प्रचार हुआ है। पर हमें स्मरण रखना चाहिए कि मय लोग भी स्वतंत्र रूप से शून्य का आविष्कार कर चुके थे!

# यूनानी अंक-पद्धति

अंकों के इतिहास में यूनानी अंक-पद्धति का विशेष महत्त्व है। अभी तीन सौ साल पहले यूरोप के देशों में अधिकतर यूनानी और रोमन अंकों का ही इस्तेमाल होता था। पाइथेगोर, यूक्लिद, आर्किमिदीज, एपोलोनियस, डायोफैंटस आदि महान यूनानी गणितज्ञों ने इसी अंक-पद्धति का उपयोग किया था।

यूनानी लोगों का इतिहास लगभग 1500 ई. पू. से शुरू होता है। जब ये यूनान में आए तो इनके पास अपनी कोई लिपि नहीं थी। इनकी एक शाखा भूमध्यसागर के क्रीट द्वीप में पहुँची थी। यूनानियों ने सबसे पहले क्रीट वालों की पुरानी लिपि के आधार पर अपनी भाषा के लिए एक लिपि बना ली थी। पुराविदों ने इस लिपि को **रैखिक-ब** लिपि का नाम दिया है। अभी कुछ साल पहले ही इस लिपि को पढ़ा गया है। अंक-संकेत भी जाने गए हैं।

मिस्र की अंक-पद्धति की तरह यह अंक-पद्धति भी दाशमिक है और इसमें शून्य नहीं है। 1 से 9 तक के अंक खड़ी लकीरों से लिखे गए हैं। दहाइयों के लिए आड़ी

**लकीरों का इस्तेमाल हुआ है। छोटे वृत्त का चिह्न सौ को बतलाता है और किरणोंवाला वृत्त हजार को। इस किरणोंवाले वृत्त के भीतर एक आड़ी लकीर हो तो दस हजार का चिह्न बन जाता है। एक उदाहरण :**

[illegible] = 12345

ईसा के करीब एक हजार साल पहले यूनानियों ने क्रीट की इस लिपि को छोड़कर अपने लिए एक नई वर्णमालात्मक लिपि का निर्माण कर लिया था। यूनानी लिपि पश्चिम एशिया की फिनिशियन लिपि के आधार पर बनी है। न केवल संकेत बल्कि इन संकेतों के नाम भी यूनानियों ने उन्हीं से लिए थे।

यूनान में ईसा से तीन सौ साल पहले, यानी लगभग अशोक के समय में हम एक नई अंक-पद्धति को देखते हैं। संख्याओं के नाम होते हैं। इन संख्या-नामों के पहले अक्षर को लेकर यूनानी लोग उसी से उस संख्या को लिखने लगे। जैसे,

Γ : यह अक्षर Π का प्राचीन रूप है। यह यूनानी शब्द 'पेंते' (पाँच) का पहला अक्षर है, इसलिए यह 5 का अंक बना।

Δ ; यह अक्षर 'डेका' (दस) का पहला अक्षर है, इसलिए 10 के लिए इस्तेमाल होने लगा।

इसी प्रकार–

H : 100 (हेकाटोन)

X : 1000 (चिलिओन या खिलिओन)

M : 10000 (माइरिओइ)

1 से 4 तक के अंकों को खड़ी लकीरों से लिखा जाता था । नीचे के उदाहरणों को देखने से पता चल जाएगा कि इनसे संख्याएँ किस प्रकार लिखी जाती थीं :

| | | | |
|---|---|---|---|
| Γ\|\| | = 7 | 𐅅 | = 500 |
| ΔΓ\|\|\|\| | = 19 | 𐅅HH | = 700 |
| 𐅄 या ⊓ | = 50 | MMMM | = 40000 |
| 50 10 10 10 10 4<br>𐅄 Δ Δ Δ Δ \|\|\|\| | = 94 | 𐅈 | = 50000 |

𐅈 XX HHHH 𐅄ΔΔ|| = 52472

5 2 4 7 2

स्पष्ट है कि इस अंक-पद्धति में अनेक कठिनाइयाँ हैं । इसलिए यह अंक-पद्धति अधिक दिनों तक नहीं टिकी । इसीलिए यूनानियों ने एक नई अंक-पद्धति को जन्म दिया था । उन्होंने अपनी नई लिपि की वर्णमाला का संख्याएँ लिखने में उपयोग किया !

यूनानी वर्णमाला में 24 अक्षर थे । तीन नए अक्षर बनाए गए । इस प्रकार कुल 27 अक्षरों की एक नई अंक-पद्धति को जन्म दिया गया, जो इस प्रकार थी :

| A | B | Γ | Δ | E | F | Z | H | Θ |
|---|---|---|---|---|---|---|---|---|
| 1 | 2 | 3 | 4 | 5 | 6 | 7 | 8 | 9 |
| I | K | Λ | M | N | Ξ | O | Π | Ϙ |
| 10 | 20 | 30 | 40 | 50 | 60 | 70 | 80 | 90 |
| P | Σ | T | Y | Φ | X | Ψ | Ω | Ϡ |
| 100 | 200 | 300 | 400 | 500 | 600 | 700 | 800 | 900 |

*यूनानी अक्षरांक*

यूनान की इस अंक-पद्धति में अक्षरों का इस्तेमाल किया गया था, इसलिए इसे **अक्षरांक-पद्धति** कहना बेहतर होगा। यूनानी काल में संख्याओं को लिखने में बड़े अक्षरों का इस्तेमाल होता था, परंतु मध्ययुग के यूरोप में छोटे अक्षरों से भी संख्याओं को लिखते थे। अक्षरों और अक्षरांकों का भेद समझने के लिए अक्षरांकों के ऊपर एक आड़ी लकीर लिख दी जाती थी। हजार की संख्याओं को इन अक्षरों की बाईं ओर एक तिरछी लकीर खींचकर व्यक्त किया जाता था।

/A = 1000, /B = 2000, /Γ = 3000, इत्यादि।

दस हजार को निम्न प्रकार से लिखा जाता था :

M या $\overset{Y}{M}$ = 10000, $\overset{B}{M}$ = 20000, $\overset{\Gamma}{M}$ = 30000, इत्यादि।

यही थी यूनानी अक्षरांक-पद्धति। लगभग दो हजार साल तक यूरोप के देशों में इसका इस्तेमाल होता रहा।

साथ-साथ रोमन अंक-पद्धति भी चलती रही। भारतीय अंकों का यूरोप में प्रवेश कम से कम हजार साल पहले हो चुका था, पर यूरोपवालों ने इसे पूर्णतः स्वीकार नहीं किया था। अभी तीन सौ साल पहले तक यूरोप में रोमन और इस यूनानी अंक-पद्धति का ही इस्तेमाल होता था।

स्पष्ट है कि इस यूनानी अक्षरांक-पद्धति में कई कमियाँ थीं। यूनान ने बड़े-बड़े गणितज्ञों को पैदा किया है। पर यह देखकर आश्चर्य होता है कि वे शून्य का आविष्कार नहीं कर सके और न एक वैज्ञानिक अंक-पद्धति को ही जन्म दे सके। इस यूनानी अक्षरांक-पद्धति में गणना करने में बड़ी दिक्कतें थीं, फिर भी यूनानी गणितज्ञों ने गणितशास्त्र को बहुत आगे बढ़ाया था। मध्ययुग में जब भारतीय अंक-पद्धति यूरोप के देशों में फैली तब से तो वहाँ गणित ने बहुत ही तेजी से उन्नति की है।

भारतीय अंक-पद्धति के सामने यूनानी अंक-पद्धति टिक नहीं सकी। हाँ, गणित में आज भी यूनानी अक्षरों का इस्तेमाल होता है। परंतु यह यूनानी अक्षरांक-पद्धति अब पुरानी पोथियों में ही देखने को मिलती है।

# रोमन अंक-पद्धति

रोमन अंकों का थोड़ी-बहुत मात्रा में आज भी प्रयोग होता है। गणित के क्षेत्र में रोमन लोग यूनानियों से आगे नहीं बढ़े थे, परंतु उनकी अंक-पद्धति का यूरोप में शताब्दियों तक इस्तेमाल होता रहा। अभी 1700 ई. तक यूरोप के स्कूलों, बैंकों आदि में इन्हीं रोमन अंकों का बोलबाला था। यूरोपवाले भारतीय अंकों को भी जानते थे, परंतु रोमन अंकों का मोह छोड़ने के लिए वे आसानी से तैयार नहीं हुए। यूरोप के गणितज्ञों ने जब भारतीय अंक-पद्धति को अपनाया तभी आज से लगभग तीन सौ साल पहले यूरोप के स्कूलों, बैंकों आदि ने भी भारतीय अंकों को अपनाया।

रोमन अंक-पद्धति में ये सात संकेत हैं:

| I | V | X | L | C | D | M |
|---|---|---|---|---|---|---|
| 1 | 5 | 10 | 50 | 100 | 500 | 1000 |

इनमें से आरंभ के केवल तीन संकेतों से 1 से 10 तक की संख्याएँ लिखी जाती हैं; जैसे,

| I | II | III | IV | V | VI | VII | VIII | IX | X |
|---|---|---|---|---|---|---|---|---|---|
| 1 | 2 | 3 | 4 | 5 | 6 | 7 | 8 | 9 | 10 |

रोमन साम्राज्य के उदय के साथ ही इन रोमन अंकों का जन्म हुआ था। समय-समय पर इनमें फेर-बदल भी होता रहा है। रोमन अंकों का जन्म हाथ की उँगलियों के आधार पर हुआ है। लातिन भाषा के 'डिजिटुस्' शब्द का अर्थ होता है उँगली। रोमन लोग किसी भी अंक-संकेत को 'डिजिटुस्' कहते थे। इसी से अंग्रेजी का 'डिजिट' शब्द बना है। रोमन अंक-संकेत हाथ की उँगलियों से किस प्रकार बने, इसे नीचे के चित्र से समझा जा सकता है :

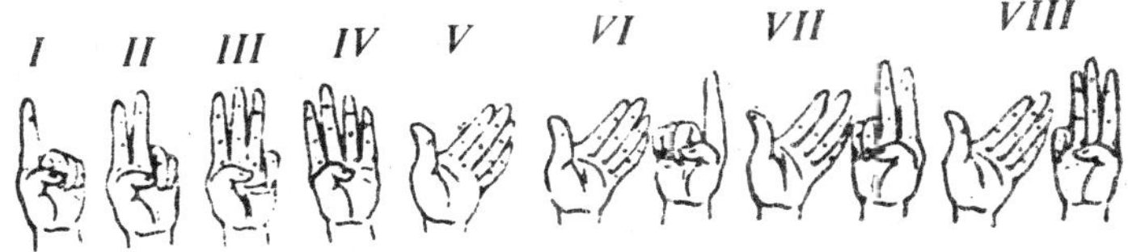


*हाथ की उँगलियों से रोमन अंकों का निर्माण*

प्रायः सभी प्राचीन सभ्यताओं में 1, 2 और 3 के लिए खड़ी लकीरें इस्तेमाल होती थीं। आरंभ में रोमन लोग 4 को ।।।। से ही लिखते थे। 5 का संकेत दो प्रकार से बना हो सकता है। एक तो जैसा हाथ की उँगलियों से दिखाया गया है। दूसरा मत यह भी है कि पहले 10 का X संकेत बना होगा और फिर उसके ऊपर के आधे अंश V को 5 के लिए मान लिया गया होगा। 10 के संकेत X की उत्पत्ति के बारे में यह कल्पना की जाती है कि पहले दस

लकीरों को दोनों ओर से काट दिया जाता होगा। बाद में दस लकीरों को छोड़ दिया गया और 10 के लिए गुणन जैसा चिह्न लिखा जाने लगा; जैसे,

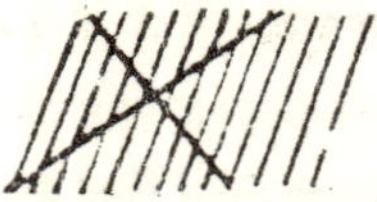

= 10 + 3 = 13

आरंभ में 9 को VIIII के रूप में लिखा जाता था, परंतु बाद में इसे X–I = IX बना दिया गया। घटाने का यह तरीका दूसरी अंक-पद्धतियों में भी देखने को मिलता है।

रोमन अंक-पद्धति में 100 के लिए C चिह्न है। यह लातिन के केंतुम् (सौ) शब्द का पहला अक्षर है। इसका 100 के लिए इस्तेमाल होने लगा। पुराने जमाने में यह संकेत [ की तरह लिखा जाता था। 50 का संकेत इसी संकेत से बना है। 50 को XXXXX से लिखने में झंझट थी। इसलिए [ के आधे अंश L को लेकर उससे संख्या 50 को लिखा जाने लगा।

आरंभ में एक हजार के लिए यूनानी अक्षर ϕ (फाइ) का इस्तेमाल होता था। बाद में रोमन लोग इसे (I) के रूप में लिखने लगे। चूँकि रोमनों की लातिन भाषा में हजार के लिए 'मिले' शब्द था, इसलिए वे बाद में 1000 को M अक्षर से लिखने लग गए थे और आज भी रोमन अंक-पद्धति में हजार के लिए इसी M का प्रयोग होता है।

परंतु हजार के पुराने संकेत (I) से 500 के लिए एक

नया संकेत बनाया गया था। हजार के इस संकेत को आधा बनाकर 500 को I) संकेत से लिखा जाता था। बाद में यही संकेत D के आकार का बन गया और आज रोमन अंक-पद्धति में 500 के लिए इसी D का इस्तेमाल होता है।

हजार से बड़ी संख्याएँ लिखने में रोमन अंक-पद्धति में कोई स्थिर व्यवस्था देखने को नहीं मिलती। 10,000 को ((I)) से और 100,000 को प्रायः (((I))) से लिखा जाता था। ईसा के पहले की तीसरी शताब्दी में यानी सम्राट अशोक के काल का एक रोमन स्मारक मिलता है। इसमें संख्या 23,00000 को एक लाख के चिह्न (((I))) को 23 बार दोहरा कर लिखा गया है! यह दशा थी रोमन अंक-पद्धति की!

आज से करीब एक हजार साल पहले हमारे देश के अंक यूरोप के देशों में पहुँच चुके थे। फिर भी यूरोप के लोग सदियों तक रोमन अंकों के मोह को नहीं त्याग सके। अठारहवीं सदी तक बहीखातों में वहाँ रोमन अंकों का इस्तेमाल होता रहा। 1300 ई. में यूरोप के शहरों की कुछ बैंकों में भारतीय अंकों का प्रयोग कानून द्वारा बंद कर दिया गया था। भारतीय अंकों के विरोध में तर्क दिया जाता था कि इन्हें आसानी से बदला जा सकता है; जैसे; 0 (शून्य) को 9 या 6 में आसानी से बदला जा सकता है।

परंतु यूरोप के गणितज्ञ भारतीय अंक-पद्धति के महत्त्व को समझते थे। इसलिए वे इसे अपनाने के पक्ष में

थे। यूरोप में जब पुस्तकें छपने लगीं तो वहाँ भारतीय अंकों का तेजी से प्रचार हुआ। आज सारे यूरोप में भारतीय अंकों का ही इस्तेमाल होता है।

रोमन अंक आज भी जीवित हैं। पुरानी घड़ियों में और पुस्तकों में भी इनका जहाँ-तहाँ प्रयोग होता है।

# भारतीय अंक-पद्धतियाँ

अब तक हमने दूसरे देशों की प्राचीन अंक-पद्धतियों का परिचय प्राप्त किया। हमारी वर्तमान अंक-पद्धति के महत्त्व को समझने के लिए इन प्राचीन अंक-पद्धतियों के बारे में जानना जरूरी था।

आदमी ने धीरे-धीरे उन्नति की है। ज्ञान-विज्ञान की बातें भी धीरे-धीरे खोजी गई हैं। यदि कोई कहे कि ज्ञान-विज्ञान की सारी बातें हमारे देश में ही खोजी गई थीं, तो यह कोरी पोंगापंथी की बात होगी। दूसरे कई देशों की सभ्यताएँ हमारे देश की सभ्यता से कम प्राचीन नहीं हैं। वेदों की रचना होने के सैकड़ों साल पहले दूसरे देशों में, न केवल धर्म-कर्म की, बल्कि गणित, चिकित्सा आदि विषयों पर स्वतंत्र पुस्तकें लिखी जा चुकी थीं। हमारे वैदिक ऋषियों को ज्योतिष और गणित का जितना ज्ञान था उससे कहीं अधिक ज्ञान उनके सैकड़ों साल पहले मिस्र और मेसोपोटामिया के पंडित-पुरोहितों को था।

तात्पर्य यह कि हमें अपने दिमाग से यह दकियानूसी ख्याल निकाल देना चाहिए कि हमारे पूर्वज हमसे और

सारी दुनिया से हर मामले में बढ़े-चढ़े थे। आज हम जानते हैं कि हमारी वर्तमान अंक-पद्धति की खोज भारत में हुई है। आज सारे संसार में इसी अंक-पद्धति का इस्तेमाल होता है। विज्ञान के क्षेत्र में संसार को भारत की यह सबसे बड़ी देन है।

परंतु इससे हमें यह नहीं समझना चाहिए कि हमारे देश की यह खोज बहुत पुरानी है। दरअसल, इस नई अंक-पद्धति का इस्तेमाल हमारे देश में भी पिछले लगभग डेढ़ हजार साल से ही हो रहा है। उसके पहले हमारे देश में भी कई दूसरी अंक- पद्धतियों का अस्तित्व रहा है। और, हमारे देश की ये दूसरी अंक-पद्धतियाँ दूसरे देशों की प्राचीन अंक-पद्धतियों से बेहतर नहीं थीं। इसलिए हमारी आज की अंक-पद्धति को जानने के लिए हमें अपने देश की दूसरी प्राचीन अंक-पद्धतियों को जानना जरूरी हो जाता है।

आओ, अब हम अपने देश की अंक-पद्धतियों की शुरू से ही खोजबीन करें...

# सिंधु सभ्यता के अंक

सन् 1920 ई. के बाद हमारे देश में एक नई सभ्यता की खोज हुई । इसे सिंधु सभ्यता या हड़प्पा संस्कृति के नाम से जाना जाता है । मोहेंजोदड़ो और हड़प्पा में इस सभ्यता के नगरों के अवशेष मिले हैं । ये दोनों स्थान अब पाकिस्तान में चले गए हैं । परंतु भारतीय पुराविदों ने गुजरात, राजस्थान, पंजाब और पश्चिमी उत्तरप्रदेश में इस सभ्यता के सौ से भी अधिक नए स्थान खोज निकाले हैं ।

यह सभ्यता लगभग पाँच हजार साल प्राचीन है । यह भी पता चलता है कि ईसा से करीब डेढ़ हजार साल पहले यह सभ्यता नष्ट हो चुकी थी । विद्वानों का अनुमान है कि बाहर से आए हुए आर्यों ने इस सभ्यता को नष्ट किया था ।

सिंधु सभ्यता के बारे में बहुत-सी सामग्री खोजी गई है । मोहेंजोदड़ो और हड़प्पा बड़े नगर थे । इन नगरों की सड़कें सीधी और चौड़ी थीं । गंदे पानी को बहाने के लिए सड़कों के किनारे नालियाँ बनी थीं । मकान दो मंजिल के होते थे और घरों में कुएँ होते थे । धान्य का संग्रह करने

के लिए बड़े-बड़े धान्य-कोठार बने हुए थे।

सिंधु सभ्यता के लोगों को अभी लोहे का ज्ञान नहीं था। उनके औजार पत्थर और ताँबे या काँसे के होते थे। फिर भी सिंधु सभ्यता के लोग काफी उन्नति कर चुके थे। सुमेर-बेबीलोन के साथ उनका व्यापार चलता था।

उनकी उन्नत अवस्था का पता इसी से चलता है कि वे लिखना जानते थे, उनकी एक लिपि थी। सिंधु सभ्यता की लगभग दो हजार मुहरें मिली हैं। इन मुहरों पर पशु-पक्षी, पेड़-पत्तों और मानव की आकृतियाँ उकेरी हुई हैं। साथ ही इन पर लिपि के चिह्न खोदे हुए हैं। पिछले करीब सत्तर सालों में कई विद्वानों ने इस लिपि को पढ़ने की कोशिश की है, परंतु अभी तक किसी को भी इसमें सफलता नहीं मिली है। फिर भी इस लिपि के बारे में कुछ बातें जानी गई हैं।

सिंधु लिपि वर्णमालात्मक नहीं हो सकती। दूसरे देशों में भी इतनी प्राचीन कोई भी लिपि वर्णमालात्मक नहीं थी। सिंधु लिपि में लगभग 300 चिह्न हैं। इतने चिह्नोंवाली लिपि वर्णमालात्मक हो ही नहीं सकती। इतने संकेतोंवाली लिपि भाव-संकेत, निर्धारक-संकेत, ध्वनि-संकेत आदि का एक मिश्रण हो सकती है। अब तक इतना जाना गया है कि सिंधु लिपि दाईं ओर से बाईं ओर को लिखी जाती थी।

लिपि के साथ अंक-संकेतों का होना जरूरी है। किंतु अभी तक सिंधु लिपि को पढ़ा नहीं गया है, इसलिए अंकों

के बारे में निश्चित रूप से कुछ कहना कठिन है। लेकिन हम जानते हैं कि सभी प्राचीन सभ्यताओं में कम से कम 1 से 10 तक की संख्याओं के लिए खड़ी लकीरों का इस्तेमाल हुआ है। सिंधु लिपि की मुहरों पर भी ये खड़ी लकीरें देखने को मिलती हैं।

*सिंधु सभ्यता की मुहरें। इनमें देखो खड़ी लकीरों वाले संकेत।*

इन खड़ी लकीरों को अंक-संकेत मानने में कोई हर्ज नहीं है। अब तक इन मुहरों पर सबसे बड़े 13 लकीरों वाले समूह को खोजा गया है। यदि ये लकीरें सचमुच ही संख्याएँ हैं तो सिंधु लिपि की नीचे की लकीरें 1 से 13 तक की संख्याएँ होनी चाहिए—

*सिंधु सभ्यता के 1 से 13 तक के अंक-संकेत*

इन लकीरों की रचना को गहराई से देखने पर यह भी पता चलता है कि अक्षरों की तरह संख्या-रेखाएँ भी दाईं ओर से बाईं ओर को लिखी जाती थीं। इन मुहरों में बड़ी

संख्याओं के लिए भी संकेत होंगे, पर आज हम उन्हें पहचानने में असमर्थ हैं।

प्राचीन सुमेर-बेबीलोन और मिस्र में गणितशास्त्र काफी उन्नति कर चुका था। सिंधु सभ्यता वाले भी गणित या गणनाओं में उनसे पीछे नहीं रहे होंगे। बड़े नगरोंवाली और व्यापार करनेवाली सभ्यता को हिसाब-किताब की जरूरत पड़ती ही है।

सिंधु सभ्यता के पुराने नगरों से छोटे-बड़े कई बाट और तराजू मिले हैं। इन बाटों को निश्चित अनुपातों के अनुसार छोटा-बड़ा बनाया गया है। सिंधु सभ्यता की मापने की एक पट्टी का टुकड़ा भी मिला है। इससे हम इस नतीजे पर पहुँचते हैं कि सिंधु सभ्यता में माप-तौल की अच्छी व्यवस्था थी। सिंधु सभ्यता के मोहेंजोदड़ो और हड़प्पा नगर और इनकी सड़कें योजना के अनुसार बनाई गई हैं। इसलिए उन्हें रेखागणित का भी अच्छा ज्ञान रहा होगा।

इन सब बातों पर विचार करने से ज्ञात होता है कि सिंधु सभ्यता में गणित ने काफी उन्नति की होगी। उनकी अंक-पद्धति भी काफी विकसित रही होगी। पर आज हम उस अंक-पद्धति की सारी बातें नहीं जान सकते।

ईसा के करीब डेढ़ हजार साल पहले सिंधु सभ्यता नष्ट हो जाती है। तब से सम्राट अशोक के समय तक अपने देश में हमें कोई लिपि-संकेत या अंक-संकेत देखने

को नहीं मिलता। परंतु अशोक के समय के पहले के वैदिक साहित्य में संख्याओं के बारे में बहुत सारे उल्लेख मिलते हैं। उन उल्लेखों से हमें उस समय की अंक-पद्धति के बारे में जानकारी मिलती है।

# वैदिक अंक-पद्धति

वेद हमारे सबसे पुराने ग्रंथ हैं। इनमें ऋग्वेद सबसे पुराना है। ऋग्वेद की रचना 1500 ई. पू. के आसपास हुई। ऋग्वेद के काल में और अशोक के काल में कम से कम एक हजार साल का अंतर है। बीच के इस लंबे काल का हमारे देश में कोई प्रमुख लेख नहीं मिलता, इसलिए हम नहीं जानते कि अंकों के चिह्न किस प्रकार के थे।

जिस समय वेदों की रचना हुई है उस समय शायद आर्यों की अपनी कोई लिपि नहीं थी। पर संख्याओं को लिखना वे जरूर जानते होंगे; उनके अंक-संकेत अवश्य रहे होंगे। पर वे कैसे लिखे जाते थे, यह जानने का कोई साधन नहीं है। किंतु वैदिक साहित्य में संख्याओं के लिए आए हुए शब्दों से हम उस समय की अंक-पद्धति का ज्ञान प्राप्त कर सकते हैं।

**ऋग्वेद** में एक, द्वि, त्रि, चतुः, पंच, षट, सप्त, अष्ट, नव, दश, शत (100), सहस्र (1000) और अयुत (10000) शब्द आए हैं। गणना की इन्हीं संज्ञाओं से सारी संख्याएँ लिखी जाती थीं। ऋग्वेद में संख्या की सबसे बड़ी इकाई है 'अयुत' (दस हजार)। लाख, कोटि,

अरब आदि के लिए ऋग्वेद में कोई शब्द नहीं मिलता। वैसे, ऋग्वेद में आई हुई सबसे बड़ी संख्या है 'षष्टिः सहस्र' (60000)।

ऋग्वेद में 'शून्य' शब्द नहीं मिलता। हाँ, 'खे' शब्द आया है, जिसका अर्थ है 'सूराख' या 'छेद'। बहुत बाद में जाकर 'ख' शब्द का अर्थ 'आकाश' या 'शून्य' हुआ।

**यजुर्वेद** में संख्याओं के कई उल्लेख मिलते हैं और वह भी बड़ी-बड़ी संख्याओं के। एक स्थान पर 1 से 33 तक की सारी विषम संख्याएँ गिनाई गई हैं। एक स्थान पर तो 4 का एक दर्जन तक (4 × 12 तक) पहाड़ा ही दिया हुआ है। हमने देखा है कि ऋग्वेद में 1 से अयुत (10000) तक गणनासूचक शब्द आए हैं। परंतु यजुर्वेद में इस क्रम को और आगे बढ़ाया गया है। एक मंत्र में 'परार्ध' पर्यंत की संख्याएँ गिनाई गई हैं। ये हैं :

| | | | |
|---|---|---|---|
| एक | 1 | प्रयुत | 1000000 |
| दश | 10 | अर्बुद | 10000000 |
| शत | 100 | न्यर्बुद | 100000000 |
| सहस्र | 1000 | समुद्र | 1000000000 |
| अयुत | 10000 | मध्य | 10000000000 |
| नियुत | 100000 | अंत | 100000000000 |
| | | परार्ध | 1000000000000 |

यहाँ हर संख्या पहले की संख्या से दस गुना बड़ी है। ये **दशगुणोत्तर** संख्याएँ हैं। ऋग्वेद के संख्या-शब्दों में भी हम देखते हैं कि गणना का आधार दस ही है। दरअसल, शुरू से ही हमारे देश में गणना का आधार दस

रहा है। सिंधु सभ्यता में गणना का आधार क्या था, इसके बारे में कुछ नहीं कहा जा सकता। संभव है कि उस समय गणना का आधार 16 रहा हो।

वेदों में बड़ी-बड़ी संख्याओं को भले ही गिनाया गया हो, परंतु वैदिक लोग शून्य के बारे में नहीं जानते थे। हमारी आज की वैज्ञानिक अंक-पद्धति की खोज उन्होंने नहीं की है।

वैदिक मंत्रों को गुरु-शिष्य परंपरा में सुन-सुनकर याद रखने की परंपरा थी, इसीलिए इन्हें 'श्रुति' कहते हैं। वैदिक ऋषि शायद लिखना नहीं जानते थे। परंतु छोटी-बड़ी संख्याओं को लिखना वे अवश्य जानते होंगे। उन्हें हजारों गायें दान में मिलती थीं। इन गायों का हिसाब जरूर रखा जाता होगा। गायें वैदिक आर्यों की सबसे बड़ी संपत्ति थीं।

ऋग्वेद में एक जगह पर उल्लेख है—"मुझे ऐसी हजार गायें दो जिनके कानों पर **आठ** लिखा हो।"

ऐसा जान पड़ता है कि गायों को पहचानने के लिए उनके कानों या बदन के अन्य भागों पर अंकों के निशान बनाए जाते थे। आज भी गायों और बैलों के बदन पर निशान बनाने की प्रथा है। ऊपर के उल्लेख का शायद यही अर्थ है कि, मुझे ऐसी गायें दो जिनके कान पर आठ का अंक लिखा हो। लेकिन वह आठ का अंक किस प्रकार लिखा जाता था, यह हम नहीं जानते।

वैदिक काल में जुआ भी खेला जाता था। ऋग्वेद में

एक जुआरी अपने भाग्य पर रोता हुआ कहता है—''**एक** पर बाजी लगाकर मैं अपनी पतिव्रता स्त्री को हार बैठा।'' यहाँ 'एक' का अर्थ पासे पर अंकित **एक** के चिह्न से है।

तात्पर्य यह कि, वैदिक काल में संख्याओं के तो उल्लेख मिलते ही हैं, अंक-संकेतों के भी उल्लेख मिलते हैं। पर वे अंक कैसे लिखे जाते थे, इसके बारे में हमें कोई जानकारी नहीं मिलती।

पहली बार अशोक के अभिलेखों में हमें ब्राह्मी लिपि के अंक-संकेत देखने को मिलते हैं। इसलिए अब हम उन्हीं के बारे में जानकारी प्राप्त करेंगे।

# अशोक की ब्राह्मी लिपि के अंक

अशोक ने ईसा के पहले की तीसरी सदी के मध्यकाल में चालीस साल तक भारत के एक विशाल भाग पर शासन किया। कहते हैं कि पहले अशोक क्रूर स्वभाव का था। उसने कलिंग देश पर चढ़ाई की थी, जिसमें एक लाख आदमियों की जानें गईं। इसके बाद अशोक बौद्ध धर्म में दीक्षित हुआ और उसने अपना शेष जीवन धर्म के प्रचार और जनता के कल्याण के लिए खर्च किया।

अशोक ने अपने सारे राज्य में धर्म और नीति संबंधी अपने आदेश शिलाओं और स्तंभों पर खुदवाए हैं। दर्जनों की संख्या में अशोक के शिलालेख और स्तंभलेख मिले हैं। ये लेख जिस लिपि में हैं उसे हम आज **ब्राह्मी लिपि** के नाम से जानते हैं। पर अशोक ने अपने लेखों में इस लिपि को 'धम्मलिपि' कहा है। अभी डेढ़ सौ साल पहले तक हमारे देश के पंडित अशोक की इस लिपि को पढ़ना नहीं जानते थे। ब्राह्मणों के ग्रंथों में हमारे देश के इस महान शासक के बारे में कोई जानकारी नहीं मिलती। केवल कुछ बौद्ध ग्रंथों में ही अशोक के बारे में कुछ कथाएँ मिलती हैं।

सन् 1838 ई. में **जेम्स प्रिंसेप** नाम के एक विद्वान ने अशोक की ब्राह्मी लिपि को पढ़ने में सफलता प्राप्त की। लिपि के साथ अशोक के लेखों में ब्राह्मी लिपि के कुछ अंक-संकेत भी मिलते हैं। अशोक के लेख हिसाब-किताब के बारे में नहीं हैं। इसलिए उनमें सारे अंक-संकेत मिलने की आशा नहीं की जा सकती। अशोक के लेखों में अब तक केवल चार संख्याओं के संकेत ही देखने में आए हैं। ये संकेत हैं :

| 4 | 6 | 50 | 200 |
|---|---|---|---|
| + | ६, ɸ | 6, Ͻ | ɸ, ਮ, ਓ |

*अशोक की ब्राह्मी लिपि के अंक-संकेत*

अशोक के समय में और संख्याओं के लिए भी संकेत अवश्य रहे होंगे। उन अंक-संकेतों का विकास हमें बाद के अभिलेखों में देखने को मिलता है। अशोक के इन अभिलेखों में और बाद के कई शताब्दियों के अभिलेखों में हमें शून्य के लिए कोई चिह्न नहीं मिलता। यहाँ हम देखते हैं कि अशोक के समय में 50 और 200 के लिए केवल एक-एक संकेत है। और ये चिह्न भी भिन्न-भिन्न आकार के हैं। इसलिए हम इस नतीजे पर पहुँचते हैं कि अशोक के समय में भारत में अभी शून्ययुक्त दाशमिक स्थानमान अंक-पद्धति का आविष्कार नहीं हुआ था।

अशोक के बाद महाराष्ट्र में सातवाहन राजाओं का शासन शुरू हो गया था। इन्होंने पुणे के आसपास के

पहाड़ी प्रदेश में बौद्ध भिक्षुओं और यात्रियों के लिए गुफाएँ बनवाई थीं। इन गुफाओं में अनेक लेख खुदे हुए मिलते हैं। नाणेघाट की गुफा में खोदे हुए लेखों में अधिक अंक-संकेत मिलते हैं। अशोक के लगभग डेढ़ सौ साल बाद के ये अंक-संकेत हैं :

1 2 4 6 7 9 10

20 80 100 200 300 400 700

1000 4000 6000 10,000 20,000

*नाणेघाट लेखों के अंक-संकेत*

इसी प्रकार नासिक के पास की गुफाओं में भी अंक-संकेत मिलते हैं। ये अंक-संकेत हैं :

1 2 3 4 5 6 7 8 9 10

20 40 100 200, 500, 1000 2000 3000 4000 8000 70,000

*नासिक की गुफाओं के ब्राह्मी अंक-संकेत*

यहाँ हम देखते हैं कि 1 से 10 तक की संख्याओं के लिए लगभग एक-से चिह्न हैं। दहाइयों के लिए भी स्वतंत्र संकेत हैं। पर 100 के संकेत को मात्राएँ या 1 से 9 तक के अंक-संकेतों को जोड़कर 200, 300, 500 आदि

के संकेत बनाए गए हैं । इसी प्रकार 1000 के संकेत को मात्राएँ या 1 से 9 तक के अंक जोड़कर 2000, 3000 आदि के संकेत बनाए गए हैं ।

इन लेखों में शून्य के लिए कहीं भी कोई संकेत नहीं मिलता । इसलिए हम कह सकते हैं कि अभी शून्ययुक्त स्थानमान अंक-पद्धति का आविष्कार नहीं हुआ था ।

शून्य का आविष्कार होने तक इन्हीं अंक-संकेतों का विकास होता रहा । बाद में जब शून्य का आविष्कार हुआ तो शुरू के 1 से 9 तक के अंक-संकेत जीवित रहे और शेष सारे संख्या-संकेत मर गए । यही कारण है कि हमें आज के हमारे अंकों का अशोक के समय से सिलसिलेवार विकास देखने को मिलता है । इसलिए हम कह सकते हैं कि हमारे आज के नौ अंकों का विकास अशोक के समय के ब्राह्मी अंकों से हुआ है ।

आगे हम देखेंगे कि शून्य का आविष्कार कब हुआ । उसके पहले हमें अपने देश की दूसरी अंक-पद्धतियों की जानकारी प्राप्त करनी है । हमारे देश में ब्राह्मी के अलावा खरोष्ठी लिपि के अंकों का भी इस्तेमाल हुआ है । वर्णमाला के आधार पर बनी हुई कई अक्षरांक-पद्धतियों का भी इस्तेमाल हुआ है ।

# खरोष्ठी अंक

अशोक के समय में उत्तर-पश्चिम भारत में खरोष्ठी लिपि का प्रचार था। इसलिए अशोक ने इस प्रदेश के अपने लेख खरोष्ठी लिपि में ही खुदवाए थे। अशोक के करीब डेढ़ सौ साल पहले इस लिपि ने जन्म लिया था। अशोक के बाद शक, पार्थव और कुषाण राजाओं ने भी इस लिपि का इस्तेमाल किया है। 400 ई. के आसपास भारत से यह लिपि लुप्त हो जाने पर भी मध्य-एशिया में आगे के दो-तीन सौ साल तक इसका इस्तेमाल होता रहा।

ब्राह्मी लिपि के सामने यह लिपि अधिक दिनों तक टिक ही नहीं सकती थी। खरोष्ठी लिपि दाईं ओर से बाईं ओर को लिखी जाती थी और इसकी वर्णमाला पूरी नहीं थी। इसलिए संस्कृत भाषा को इस लिपि में लिखने में कठिनाइयाँ थीं। फिर भी करीब आठ सौ साल तक यह लिपि उत्तर-पश्चिमी भारत और मध्य-एशिया में उपयोग में लाई जाती रही।

खरोष्ठी का अर्थ है 'गधे के ओठ वाली'। बड़ा विचित्र नाम है!

अशोक के लेखों में 1, 2, 4 और 5 के लिए संकेत मिलते हैं। खरोष्ठी के ये संकेत खड़ी किंतु बाईं ओर थोड़ी तिरछी लकीरों से लिखे गए हैं। अशोक के खरोष्ठी लेखों में और संख्याओं के लिए अंक-संकेत नहीं मिलते, इसलिए हम खरोष्ठी की अंक-पद्धति का अंदाजा नहीं लगा सकते। किंतु अशोक के बाद के शक, पार्थव व कुषाण राजाओं के लेखों में जो खरोष्ठी अंक-संकेत मिलते हैं, उनके आधार पर हमें खरोष्ठी अंक-पद्धति की जानकारी मिल जाती है। इन लेखों में आए हुए अंक-संकेत या संख्या-संकेत ये हैं :

| शक, पार्थव और कुषाणों के अभिलेखों से | | | | | | | अशोक के अभिलेखों से | |
|---|---|---|---|---|---|---|---|---|
| {I | 100 | 33 | 40 | IIX | 6 | I | I | 1 |
| {II | 200 | ?33 | 50 | IIIX | 7 | II | II | 2 |
| {III | 300 | 333 | 60 | XX | 8 | III | | 3 |
| II3{I | 122 | ?333 | 70 | ? | 10 | X | IIII | 4 |
| X? 3?3{II | 274 | 3333 | 80 | 3 | 20 | IX | IIIII | 5 |

खरोष्ठी अक

अशोक के लेखों में 4 के लिए चार लकीरोंवाला चिह्न है। परंतु बाद में 4 को × चिह्न से लिखा जाने लगा। 5 से 8 तक के चिह्न इस चिह्न के बाईं ओर खड़ी लकीरें खींचकर लिखे गए हैं, क्योंकि खरोष्ठी लिपि दाईं

ओर से बाईं ओर को लिखी जाती थी । 9 के लिए ।××
जैसा चिह्न रहा होगा ।

खरोष्ठी में 10 के लिए स्वतंत्र चिह्न है । इस चिह्न की बाईं ओर । से 9 तक के अंक लिखकर 11 से 19 तक की संख्याएँ लिखी जाती होंगी । 10 के नीचे उसी तरह का चिह्न जोड़ देने पर 20 का चिह्न बनता था । इन चिह्नों की सहायता से 99 तक की संख्याएँ लिखी जाती थीं ।

100 के लिए पुनः एक स्वतंत्र संकेत हैं । इसके दाईं ओर एक खड़ी लकीर होने से यह 100 बनता है, दो खड़ी लकीरें होने से 200 बनता है, इत्यादि । दहाई और इकाई के अंक इसके बाईं ओर लिखे गए हैं । उदाहरण :

×7333ʃ𐩆 = 274

यहाँ दाईं ओर से बाईं ओर को क्रमशः संकेत हैं : 2, 100, 20, 20, 20, 10 और 4 । खरोष्ठी अंक-पद्धति के अनुसार इनका गठन होगा : 2 × 100+ 20 + 20 + 20 + 10 + 4 = 274 ।

यहाँ हम देखते हैं कि गणना का आधार दस ही है । खरोष्ठी अंक-पद्धति में भी शून्य नहीं है । दरअसल, उस समय की ब्राह्मी अंक-पद्धति से खरोष्ठी अंक-पद्धति घटिया दर्जे की नहीं है ।

खरोष्ठी अक्षर और अंक पश्चिमी एशिया की आरमेई लिपि के आधार पर बनाए गए थे । इस लिपि ने

लगभग आठ सौ साल तक कई धर्मों की सेवा की है। मध्य-एशिया से खरोष्ठी लिपि में लिखी हुई बौद्ध धर्म की पुस्तकें मिली हैं। बाद में भारत में, और मध्य-एशिया में भी, इसका स्थान ब्राह्मी लिपि ने ले लिया था।

# बड़ी-बड़ी संख्याएँ

हमने देखा है कि ऋग्वेद में संख्या की सबसे बड़ी इकाई के लिए शब्द है अयुत (10000) और सबसे बड़ी संख्या है षष्टिः सहस्र (60000)। यजुर्वेद में परार्ध (1000000000000) तक की संख्या-संज्ञाएँ गिनाई गई हैं।

जैन और बौद्ध पंडित ब्राह्मण-पुरोहितों से पीछे रहनेवाले नहीं थे। संख्याएँ दशगुणोत्तर थीं। इसलिए दशगुणोत्तर संख्याओं के लिए शब्द गढ़ते जाने में कोई कठिनाई नहीं थी। उन्होंने दशगुणोत्तर संख्याओं के लिए संज्ञाएँ गढ़ीं और इस प्रकार अपनी दिमागी कसरत का अच्छा परिचय दिया। हमें यह जान लेना चाहिए कि वास्तविक जीवन में इन बड़ी संख्याओं का इस्तेमाल नहीं होता था।

वेदों के बाद तैत्तिरीय, ऐतरेय आदि ब्राह्मण-ग्रंथों की रचना हुई। थोड़े हेरफेर के साथ यजुर्वेद की संख्या-सूची इन ग्रंथों में भी मिलती है।

बौद्धधर्म का एक प्रसिद्ध ग्रंथ है 'ललितविस्तर'। कुछ अशुद्ध संस्कृत भाषा में रचे गए इस ग्रंथ में भगवान

बुद्ध का जीवन-चरित्र है। यह ईसा की पहली या दूसरी सदी में लिखा गया था। इसमें एक स्थान पर गौतम के गुरु अर्जुन और उनके बीच एक संवाद आता है :

अर्जुन : नवयुवक! क्या तुम कोटि के आगे की शतोत्तर गणना जानते हो?

गौतम : हाँ, जानता हूँ।

अर्जुन : तो बताओ, कोटि के आगे की गणना किस प्रकार है?

इसके बाद गौतम (बोधिसत्त्व) कोटि के आगे की शतोत्तर संख्याओं के नाम बतलाते हैं। अंतिम संख्या का नाम है 'तल्लक्षणा'। तल्लक्षणा संख्या होगी $10^{53}$, यानी ऐसी संख्या जिसमें 10 के आगे 52 शून्य हो!

पालि भाषा के कच्चायन-व्याकरण में सबसे बड़ी संख्या है 'असंख्येय' = $10^{140}$, यानी 1 के आगे 140 शून्यवाली संख्या! यह दिमागी कसरत नहीं तो और क्या है? क्योंकि सारे ज्ञेय विश्व में इस संख्या के बराबर अणु-परमाणु भी नहीं हैं।

जैन पंडित भी पीछे क्यों रहने लगे? जैनों के 'अनुयोगद्वार-सूत्र' में बताया गया है कि सारे संसार के जीवों की संख्या $2^{96}$ है। जैन ग्रंथों में 'शीर्षप्रहेलिका' नाम की दूसरी बड़ी संख्या-संज्ञा मिलती है। अंकों में यह संख्या होगी $8400000^{28}$!

बड़ी-बड़ी दशगुणोत्तर या शतगुणोत्तर संख्याओं को नाम देते चले जाने में कोई खास बात नहीं है। यह

जानने पर कि संख्याओं की गिनती का कोइ अंत नहीं है, संख्याओं का क्रम अनंत है, शब्द गढ़ने का यह काम कोई भी कर सकता है ।

हमारे देश के आर्यभट, भास्कराचार्य आदि महान गणितज्ञों को इस दिमागी उड़ान की जरूरत नहीं थी । उन्हें गणित और ज्योतिषशास्त्र में जितनी बड़ी संख्याओं की जरूरत पड़ती थी, उतनी ही बड़ी संख्याओं को गिनाया गया है । **आर्यभट** (500 ई.) ने दशगुणोत्तर संज्ञाएँ दी हैं : एक, दश, शत, सहस्र, अयुत (दस हजार), नियुत (लाख), प्रयुत (दस लाख), कोटि, अर्बुद (दस कोटि) और वृंद (अरब) । **भास्कराचार्य** (1150 ई.) की सूची अधिक पूर्ण है और इसी का हमारे देश में अधिक प्रचार रहा है । भास्कर के **लीलावती** ग्रंथ में दी हुई यह सूची है :

| | | | |
|---|---|---|---|
| एक | = 1 | अब्ज | = 1000000000 |
| दश | = 10 | खर्व | = 10000000000 |
| शत | =100 | निखर्व | = 100000000000 |
| सहस्र | =1000 | महापद्म | = 1000000000000 |
| अयुत | =10000 | शंकु | = 10000000000000 |
| नियुत | =100000 | जलधि | = 100000000000000 |
| प्रयुत | =1000000 | अंत्य | = 1000000000000000 |
| कोटि | =10000000 | मध्य | = 10000000000000000 |
| अर्बुद | =100000000 | परार्ध | = 100000000000000000 |

प्राचीन भारत के गणित के ग्रंथ संस्कृत भाषा में लिखे गए हैं । ये ग्रंथ पद्य में हैं । इसलिए संख्याओं को

शब्दों में ही लिखा जाता था। अतः यह जानना जरूरी है कि संख्याओं को संस्कृत शब्दों में किस प्रकार लिखा जाता था।

एक से 10 तक की संख्याओं के लिए एक-एक शब्द था। 11 से 99 तक की संख्याओं को लिखने का सामान्य क्रम यह था : पहले दहाई का शब्द लिखा जाता था और उसके बाद इकाई का शब्द। परंतु जब संख्या दो से अधिक अंकोंवाली होती थी तो पहले बड़ी इकाई लिखी जाती थी। हमारी हिंदी में भी संख्याओं को लिखने का यही क्रम है। 19, 39 आदि संख्याएँ घटाने की पद्धति से लिखी जाती थीं; जैसे एकान्नविंशति (एक-कम-बीस = उन्नीस) और एकान्नचत्वारिंशत् (एक-कम-चालीस = उनचालीस)।

गणित के पुराने ग्रंथों में पाए जानेवाले और कुछ उदाहरण हैं :

139 = (40 + 100—1), चत्वारिंशच्चैकोनशताधिक्क।

297 = (300—3), त्रिहीनशतत्रय।

3339 = (3000 + 300 + 30 +9),
त्रीणि शतानि त्रिसहस्राणि त्रिंश च नव च।

18 = (2 × 9), द्विनवक।

गणितज्ञ **महावीर** (850 ई.) के ग्रंथ 'गणितसार-संग्रह' में संख्या 12345654321 को बड़े ही सुंदर शब्दों में बाँधा गया है। इस संख्या को कहा गया है 'एकादिषडंतानि क्रमेण हीनानि'; अर्थात्, वह संख्या जिसके

अंक पहले 1 से 6 तक क्रमशः बढ़ते हैं और तब उसी क्रम से घटते हैं !

हमारे देश में आर्यभट (500 ई.) से भास्कराचार्य (1150 ई.) तक बड़े-बड़े गणितज्ञ हुए। इनके सारे ग्रंथ संस्कृत पद्य में हैं। संख्याओं को पद्य में लिखने के लिए ही उन्हें ऐसे संख्या-शब्दों का निर्माण करना पड़ा था।

आर्यभट के समय तक हमारे देश में शून्य का आविष्कार हो चुका था। शून्यसहित केवल दस अंकों से सारी संख्याएँ लिखने का आविष्कार हो चुका था। परंतु इन्होंने अंकों का इस्तेमाल नहीं किया। केवल कुछ पुस्तकों में ही अंक देखने को मिलते हैं। उलटे आर्यभट जैसे महान गणितज्ञ को पद्य में गणित के ग्रंथ लिखने के लिए एक अक्षरांक-पद्धति को जन्म देना पड़ा। इन अक्षरांक-पद्धतियों के बारे में हम आगे बतलाएँगे।

अब हम देखेंगे कि हमारे देश में शून्य का आविष्कार कब होता है और सबसे पहले शून्यसहित दस अंकों से संख्याएँ कब लिखी गई हैं। याद रहे कि भारत का यही सबसे बड़ा आविष्कार है। संसार को भारत की यही सबसे बड़ी देन है।

# शून्य का आविष्कार

आज हम केवल दस चिह्नों से सारी संख्याएँ लिखते हैं। बड़ी से बड़ी संख्या इन दस चिह्नों से लिखी जा सकती है। इनमें से प्रत्येक चिह्न का एक स्वतंत्र मान है। इसके अलावा, संख्या की पंक्ति में हर अंक का मान स्थान के अनुसार निर्धारित होता है। उदाहरण के लिए, 2 का अर्थ है दो वस्तुएँ। परंतु संख्या 21 में इस 2 का अर्थ होगा बीस वस्तुएँ। संख्या 43258 में दो का अर्थ होगा 200।

आज हम केवल दस चिह्नों से सारी संख्याओं को लिखने के आदी हो गए हैं। हर अंक का स्थान के अनुसार अर्थ बदलता है, यह बात भी हम आसानी से समझ जाते हैं। पर यह उतनी सरल बात नहीं है, जितनी कि हम इसे समझते हैं। यदि सरल बात होती तो यूनान के बड़े-बड़े गणितज्ञों में से कोई गणितज्ञ अवश्य इसका आविष्कार कर चुका होता। हमारे देश के वैदिक काल के पंडित-पुरोहित भी इसका आविष्कार कर चुके होते। पर वे दाशमिक स्थानमान अंक-पद्धति का आविष्कार न कर सके।

शून्यवाली स्थानमान अंक-पद्धति एक दिन का दैवी चमत्कार नहीं है। धीरे-धीरे इसके बारे में विचार पक्के होते गए। सारे देश में इसका प्रचार होने में शताब्दियाँ लगीं। इस नई अंक-पद्धति की खोज होने पर भी लगभग एक हजार साल तक हमारे देश में पुरानी अंक-पद्धति का व्यवहार होता रहा। न केवल अपने देश में, बल्कि विदेशों में भी इस नई अंक-पद्धति को सरलता से स्वीकार नहीं किया गया।

इस नई अंक-पद्धति की खोज भारत में ठीक किस समय हुई, कहाँ हुई, किस व्यक्ति ने की - आदि बातों के बारे में हमें आज कोई ठोस जानकारी नहीं मिलती। इसलिए हम देखेंगे कि भारतीय इतिहास में इस नई अंक-पद्धति के उल्लेख कहाँ और किस रूप में मिलते हैं।

पुराने जमाने में लेख खुदवाए जाते थे। राजा या धनी लोग दान देते थे। दान की बातें ताँबे के पत्रों पर लिख दी जाती थीं। इन ताम्रपत्रों पर तिथि भी डाली जाती थी—शब्दों में और कभी-कभी अंकों में भी। ऐसे ही एक दानपत्र में हमें पहली बार इस नई पद्धति के अंक देखने को मिलते हैं।

संखेड़ा से गुर्जर राजाओं का एक दानपत्र मिला है। इसमें तिथि दी हुई है, **चेदि-संवत् 346**। इस संख्या को ठीक उसी तरह लिखा गया है जैसा हम आज लिखते हैं। फरक इतना ही है कि इसमें उस समय के 3, 4 और 6 के अंक इस्तेमाल हुए हैं। चेदि-संवत् 346 का अर्थ हुआ

ईसवी सन् 594। इस दानपत्र में संख्या 346 स्थानमान पद्धति के अनुसार लिखी गई है। पर इस संख्या में शून्य का संकेत नहीं आया है। शून्य न आने का कारण यही है कि वह दानपत्र ऐसी संख्यावाले साल में नहीं लिखा गया था जिसमें शून्य हो।

पर उस समय शून्यवाली दाशमिक अंक-पद्धति का आविष्कार अवश्य हो चुका था; वर्ना संख्या 346 को नई पद्धति के अनुसार न लिखा जाता। इसके बाद कई लेखों और दानपत्रों में नई अंक-पद्धति की संख्याएँ मिलती हैं। पहली बार आठवीं सदी के एक दानपत्र में शून्यवाली संख्या मिलती है। यह राघोली दानपत्र राजा जयवर्धन-द्वितीय का है। इसमें संख्या 30 में शून्य आता है। इसमें शून्य का आकार छोटे वृत्त की तरह है।

इसके बाद बहुत-से लेखों और दानपत्रों में नई अंक-पद्धति में संख्याएँ लिखी हुई देखने को मिलती हैं। इसका मतलब यह नहीं है कि सारे लेखों में इस नई अंक-पद्धति का इस्तेमाल हुआ है। नहीं, कुछ लेखों में अब भी पुरानी अंक-पद्धति, जिसमें शून्य और स्थानमान के लिए गुंजाइश नहीं थी, देखने को मिलती है। ईसा की दसवीं शताब्दी तक, यानी आज से लगभग एक हजार साल पहले तक, छुटपुट लेखों में पुरानी अंक-पद्धति की संख्याएँ देखने को मिलती हैं।

इसका अर्थ यह हुआ कि शून्यवाली दाशमिक अंक-पद्धति का आविष्कार हुए एक लंबा समय गुजर

(1) = 346

(2) = 675

(3) = 715

(4) = 872

(5) = 933

= 187

= 50

(6)

1 2 3 4 5 6 7 8 9 0

*आरंभिक अभिलेखों में प्रयुंक्त नई अंक-पद्धति की संख्याएँ*

(1) संखेड़ा से प्राप्त किसी गुर्जर राजा के दानपत्र से (594 ई.)
(2) राष्ट्रकूट शासक दंतिदुर्ग के दानपत्र से (753 ई.)
(3) राष्ट्रकूट शासक शंकरगण के दानपत्र से (793 ई.)
(4) प्रतीहार शासक नागभट के लेख से (815 ई.)
(5) प्रतीहार शासक भोजमिहिर के समय के एक लेख से (876 ई.)
(6) प्रतीहार शासक भोजमिहिर की ग्वालियर-प्रशस्ति से (लगभग 870 ई.)

जाने पर भी उसे हमारे देश में जल्दी स्वीकार नहीं किया गया। पुराने का मोह जल्दी नहीं छुटा करता, इसका यह एक उदाहरण है। पर दसवीं शताब्दी से सभी जगह नई अंक-पद्धति का इस्तेमाल देखने को मिलता है। इस समय तक भारत की यह नई अंक-पद्धति अरब देशों में, भूमध्यसागर के आसपास के देशों में और दूर दक्षिण-पूर्वी एशिया के देशों में पहुँच चुकी थी।

ईसा की पहली शताब्दी से कुछ साहसी भारतीय जावा, सुमात्रा, कंबोडिया आदि देशों में जाकर बसने लग गए थे। वहाँ उन्होंने राजवंश भी स्थापित किए थे। वहाँ ब्राह्मण व बौद्धधर्म पहुँचा; भारतीय भाषाएँ पहुँचीं। सुमात्रा के **पलेंबंग** स्थान से सातवीं सदी के कुछ ऐसे लेख मिले हैं जिनमें शक-संवत् की 605, 606 और 608 संख्याएँ नई अंक-पद्धति में लिखी हुई मिलती हैं।

नई अंक-पद्धति का आविष्कार होते ही अभिलेखों में तुरंत उसका इस्तेमाल नहीं होने लगा होगा। आविष्कार होने के सदियों बाद अभिलेखों में नई अंक-पद्धति को अपनाया होगा। दूसरी कुछ बातों पर विचार करने से भी हम इस नतीजे पर पहुँचते हैं कि ईसा की पहली शताब्दी तक हमारे देश में शून्यवाली नई अंक-पद्धति का आविष्कार हो चुका था। साहित्यिक, दार्शनिक और ज्योतिष-गणित के ग्रंथों में इस बात के प्रमाण मिलते हैं।

**पिंगल छंदःसूत्र** नाम का एक ग्रंथ है। ईसा से सौ या दो सौ साल पहले आचार्य पिंगल ने इस ग्रंथ की रचना की

थी । पद्य छंदों में लिखे जाते हैं । छंदों के लिए मात्रा आदि का हिसाब जानना पड़ता है । इस ग्रंथ में मात्राओं के इसी प्रकार के हिसाब सूत्रों में दिए गए हैं । ग्रंथ में 'द्विरर्द्धे', 'रूपे शून्यम्', 'द्विःशून्ये', आदि सूत्र आते हैं । हिसाब कुछ ऐसा है कि यहाँ 'अभाव' या 'घटाने' के अर्थ में शून्य का इस्तेमाल हुआ है । यह भी पता चलता है कि पिंगल के समय में शून्य के लिए कोई सांकेतिक चिह्न रहा होगा । पर उसका रूप किस प्रकार का था, इसे हम नहीं जानते । हम यह भी नहीं जानते कि उस समय इस शून्य का नई अंक-पद्धति के लिए इस्तेमाल होने लग गया था या नहीं । परंतु इतना निश्चित है कि शून्यवाली धारणा पक रही थी ।

जैन ग्रंथ 'अनुयोगद्वार-सूत्र' में आई हुई एक बड़ी संख्या का उल्लेख हम पहले कर चुके हैं । इसी ग्रंथ में 'अंकस्थान' शब्द आया है, जो अंकों के स्थानमान अर्थवाला हो सकता है । वायु और अग्नि पुराणों में भी अंकस्थानों और दशगुणोत्तर संख्याओं के उदाहरण मिलते हैं । ये सारे ग्रंथ ईसा की पहली सदी के बाद के हैं ।

करीब नब्बे साल पहले पेशावर जिले के भक्षाली गाँव में एक किसान को भोजपत्र पर लिखी हुई गणित की एक पोथी मिली थी । अब यह **भक्षाली-हस्तलिपि** के नाम से प्रसिद्ध है । यह दसवीं सदी की शारदा लिपि में लिखी हुई है । यह किसी पुरानी पुस्तक की प्रतिलिपि है । कुछ विद्वानों का मत है कि मूल पुस्तक तीसरी या चौथी

सदी में लिखी गई होगी। इस हस्तलिपि में 1 से 10 तक अंक-संकेत हैं। नई अंक-पद्धति का इस्तेमाल हुआ है। शून्य के लिए बिंदी के आकार का चिह्न है। इस पुस्तक में आए हुए दस अंक-संकेत ये हैं :

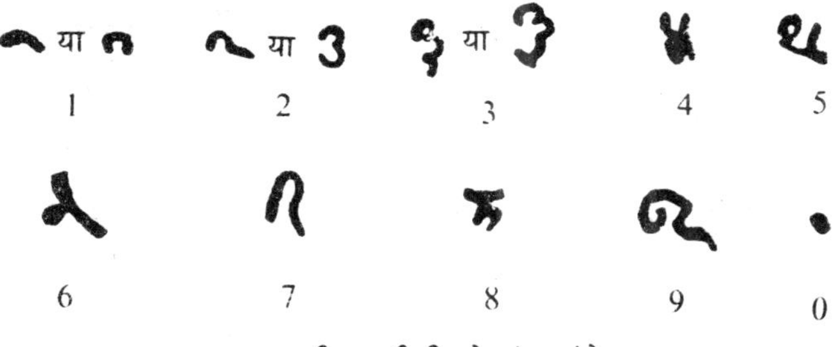


*भक्षाली हस्तलिपि के अंक-संकेन*

आर्यभट के समय (500 ई.) से गणित के सारे ग्रंथों में नई अंक-पद्धति का व्यवहार देखने को मिलता है। पर इनमें अंक नहीं हैं; इनमें अक्षरांक या शब्दांक हैं। इनके बारे में हम आगे बतलाएँगे।

सारी बातों पर विचार करने से हम इस नतीजे पर पहुँचते हैं कि ईसा की पहली सदी तक हमारे देश में शून्यवाली नई दाशमिक स्थानमान अंक-पद्धति का आविष्कार हो चुका था।

# अक्षरांक

हमने देखा है कि यूनानी लोगों ने अपनी लिपि के अक्षरों का संख्याएँ लिखने में इस्तेमाल किया था । हमारे देश में भी अक्षरों से संख्याएँ लिखने के कई तरीके खोजे गए थे । अक्षरांकों का इस्तेमाल संस्कृत के गणित-ग्रंथों में ही हुआ है ।

हमारे देश के गणितज्ञों ने अपने गणित के ग्रंथ पद्य में लिखे हैं । कम से कम शब्दों में अधिक से अधिक बातें भर दी जाती थीं । कंठस्थ करने के लिए ही ऐसा किया जाता था ।

**आर्यभट** (जन्म 476 ई.) हमारे देश के पहले बड़े गणितज्ञ हैं । इन्होंने **आर्यभटीयम्** नाम का एक ग्रंथ लिखा है । इस छोटे-से ग्रंथ में उन्होंने उस समय तक की ज्योतिष और गणित की सारी बातें भर दी हैं । आर्यभट ने संख्याओं को लिखने के लिए एक नई अक्षरांक-पद्धति का आविष्कार किया । इस पद्धति के सारे नियम उन्होंने एक श्लोक में लिख दिए हैं । इस पद्धति के अनुसार उन्होंने क् से लेकर म् तक के 25 व्यंजनों को क्रमशः 1 से 25 तक के

संख्यामान दिए । आगे, य् = 30, र् = 40, ल् = 50, व् = 60, श् = 70, ष् = 80, स् = 90, ह् = 100। और, स्वरों को शतगुणोत्तर मान इस प्रकार दिए :

अ = 1
इ = 100
उ = 10000
ऋ = 1000000
लृ = 100000000
ए = 10000000000
ऐ = 1000000000000
ओ = 100000000000000
औ = 10000000000000000

अब केवल वर्णमाला के अक्षरों के मेल से सारी संख्याएँ लिखी जा सकती थीं । एक उदाहरण : ख्युघृ = ख्यु + घृ = 320000 + 4000000 = 4320000 ।

आर्यभट की अक्षरांक-पद्धति आसान नहीं थी; इसमें कई दिक्कतें थीं । इसलिए इसका केवल उन्होंने ही इस्तेमाल किया ।

आर्यभट की अक्षरांक-पद्धति कठिन थी, इसलिए दूसरे गणितज्ञों ने नई-नई अक्षरांक-पद्धतियों का आविष्कार किया । इनमें क्, ट्, प्, य् अक्षर 1 को सूचित करते हैं । ख्, ठ्, फ्, र् अक्षर अंक 2 को सूचित करते हैं । ग्, ड्, ब्, ल् अंक 3 को; घ्, ढ्, भ्, व् अंक 4 को; ङ्, ण्, म्, श् अंक 5 को; च्, त्, ष् अंक 6 को; छ्, थ्, स् अंक 7

को; ज्, द्, ह् अंक 8 को; झ्, ध् अंक 9 को और ञ्, न् तथा स्वर शून्य को सूचित करते हैं।

चूँकि, यह अक्षरांक-पद्धति क-ट-प-य अक्षरों से शुरू होती है, इसलिए इसे **कटपयादि अक्षरांक-पद्धति** का नाम दिया गया है। कई प्रकार की कटपयादि अक्षरांक-पद्धतियों को बनाया गया था।

हमारे देश में अक्षरों या शब्दों में लिखी गई संख्याओं के बारे में नियम रहा है—**अंकानां वामतो गति**—अर्थात्, अंक दाईं ओर से बाईं ओर को लिखे जाते हैं। इसका अर्थ यह हुआ कि पहला अक्षर या शब्द इकाई का सूचक होगा, दूसरा दहाई का, तीसरा सैकड़े का, इत्यादि।

कटपयादि अक्षरांक पद्धति में संख्याएँ लिखने में आसानी है। शब्द भी सुंदर बनते हैं; जैसे,

| 2 | 4 | 4 | 1 | |
|---|---|---|---|---|
| रा – | घ – | वा – | य | = 1442, |
| 4 | 4 | 6 | | |
| भ – | व – | ति | | = 644, |
| 6 | 4 | 3 | 1 | |
| त – | त्वा – | लो – | के | = 1346, आदि। |

हमारे देश में सदियों तक तरह-तरह की कटपयादि अंक-पद्धतियों का इस्तेमाल हुआ है। कुछ शिलालेखों में भी इनका प्रयोग देखने को मिलता है। गणितज्ञों ने भी अपने ग्रंथों में इनका उपयोग किया है।

कुछ पुरानी हस्तलिपियों में पृष्ठों की संख्या बतलाने

के लिए भी अक्षरों का इस्तेमाल हुआ है। ऐसी पुस्तकों में उन्हीं अक्षरों का इस्तेमाल हुआ जिनमें कि वह पुस्तक लिखी गई है। अक्षरों को दिए गए संख्यामानों में एकरूपता नहीं है। इस अंक-पद्धति को **अक्षरपल्ली** कहते हैं।

# शब्दांक

हमारे देश में संख्याएँ लिखने के लिए शब्दों का खूब उपयोग हुआ है। पद्य में अंक नहीं लिखे जा सकते, इसीलिए हमारे कवियों को अक्षरों और शब्दों की शरण में जाना पड़ा था। कुछ शब्दों के पीछे संख्याओं की भावना छिपी होती है। जैसे, हमारे शरीर में दो हाथ, दो पैर, दो आँखें, दो कान आदि होते हैं। इसलिए कर (हाथ), चक्षु (आँखें), कर्ण (कान), आदि शब्द संख्या 2 के लिए इस्तेमाल किए गए। शून्य, ख, आकाश, अंतरिक्ष आदि खोखला या छेदवाची शब्द 0 के लिए इस्तेमाल किए गए।

इसी प्रकार गुण, काल, अग्नि आदि शब्द 3 के लिए; वेद, समुद्र, युग, दिशा आदि शब्द 4 के लिए; बाण, पांडव, तत्त्व, इंद्रिय आदि शब्द 5 के लिए; रस, ऋतु, अंग आदि शब्द 6 के लिए; ऋषि, मुनि, वार आदि शब्द 7 के लिए; वसु, नाग, गज आदि शब्द 8 के लिए; अंक, रंध, निधि आदि शब्द 9 के लिए; चंद्र, पृथ्वी, शशि आदि शब्द 1 के लिए; अवतार, रावणशिरस्, दिश् आदि

शब्द 10 के लिए इस्तेमाल हुए । 10 से बड़ी संख्याओं के लिए भी शब्दों का व्यवहार हुआ है । जैसे, साल में बारह मास होते हैं, इसलिए 'मास' शब्द का 12 के लिए । गायत्री छंद में चौबीस अक्षर होते हैं, इसलिए 'गायत्री' शब्द का 24 के लिए । नक्षत्र सत्ताईस होते हैं, इसलिए 'नक्षत्र' शब्द का 27 के लिए, इत्यादि ।

शब्दांकों को लिखने के लिए भी **अंकानां वामतो गति** नियम को माना गया है । इस पद्धति में एक ही संख्या को कई तरह के शब्दों में लिखा जा सकता है । जैसे, संख्या 1230 :

| | | 0 | | 3 | | 2 | | 1 | |
|---|---|---|---|---|---|---|---|---|---|
| खगुणकरादि | = | ख | – | गुण | – | कर | – | आदि | = 1230, |
| | | 0 | | 3 | | 2 | | 1 | |
| खलोककर्णचंद्र | = | ख | – | लोक | – | कर्ण | – | चंद्र | = 1230, |

काव्य में इस शब्दांक-पद्धति का खूब इस्तेमाल हुआ है । हिंदी कविताओं में भी यदा-कदा शब्दांकों का प्रयोग देखने को मिलता है । शून्यवाली नई अंक-पद्धति का आविष्कार हो जाने पर भी सदियों तक हमारे देश में तरह-तरह की अंक-पद्धतियों का व्यवहार चलता रहा ।

अब हम देखेंगे कि हमारी नई अंक-पद्धति का पहले अरब देशों में और बाद में यूरोप के देशों में कैसे प्रचार-प्रसार हुआ ।

# अरब देशों में भारतीय अंक

अरबों के साथ भारत के संबंध बहुत पुराने हैं। ईसा के पहले भी फारस की खाड़ी और सिकंदरिया के बंदरगाह तक भारतीय माल पहुँचता था। ईसा की पहली सदी से बाकायदा रोमनों के साथ भारत के अच्छे व्यापारी संबंध स्थापित हो गए थे। लेकिन यह उस समय की बात है जब कि अभी दक्षिणी अरबिया के लोग इस्लाम में दीक्षित नहीं हुए थे और हमारे देश में नई अंक-पद्धति का विकास नहीं हुआ था।

सन् 622 ई. में अरबिया में इस्लाम की स्थापना होती है। अगले सौ साल के भीतर ही इस्लाम का झंडा पूर्व में भारत की सीमा तक और पश्चिम में स्पेन देश तक फहराने लगता है। राजधानी बगदाद से खलीफ़ा सारे इस्लामी राज्य पर शासन करने लग जाते हैं।

बगदाद ने एक सांस्कृतिक नगरी और विद्याकेंद्र का रूप धारण कर लिया। खलीफ़ा ज्ञान-विज्ञान के प्रेमी थे। शुरू के दो-तीन सौ सालों में सैकड़ों यूनानी ग्रंथों के अरबी भाषा में अनुवाद हुए। गणित, ज्योतिष, चिकित्सा

तथा दर्शन के ग्रंथों को विशेष महत्त्व दिया गया । यूनान और सिकंदरिया में यूनानी संस्कृति का लोप हो जाने के बाद अरबी विद्वानों ने यूनानी साहित्य अनुवादों के रूप में सुरक्षित रखा । कई ऐसे यूनानी ग्रंथ हैं जो आज मूल में नहीं मिलते, परंतु अरबी अनुवादों में मिल जाते हैं ।

अरबी विद्वानों ने यूनानी साहित्य की तरह भारतीय साहित्य से भी लाभ उठाया । ख़लीफ़ा अल-मंसूर के समय (राज्यकाल : 753-774 ई.) में सिंध के किसी राजा के दूत बगदाद पहुँचे थे । इनके साथ कुछ भारतीय पंडित भी थे । ये पंडित अपने साथ ज्योतिष के सिद्धांत ग्रंथ ले गए थे । यह 771 ई. की बात है । ख़लीफ़ा की आज्ञा से बगदाद में इन ग्रंथों का संस्कृत से अरबी भाषा में अनुवाद हुआ । उसके बाद संस्कृत के ज्योतिष-गणित, चिकित्सा आदि विषयों के अनेक ग्रंथों के अरबी में अनुवाद हुए ।

अरबों की अपनी लिपि थी; उनके अपने अंक भी थे । परंतु ये अंक अच्छे नहीं थे । अंक-पद्धति पुरानी थी । अरबी विद्वानों को जब भारतीय गणित और ज्योतिष के साथ-साथ नई अंक-पद्धति की जानकारी मिली तो उन्होंने इसे अपनाना बेहतर समझा । नई अंक-पद्धति में केवल दस चिह्नों से काम चल जाता है । भारतीय अंक भी अरब देशों में पहुँच चुके थे । वहाँ इन्हें **गुबार** अंकों के नाम से जाना जाता था । गुबार का अर्थ होता है धूलि अर्थात् धूल । हमारे देश में पाटी पर धूल बिछाकर उँगली से गणनाएँ करने का रिवाज था ।

अंकगणित को इसीलिए हमारे यहाँ धूलिकर्म कहते थे ।

अरब देशों में नई भारतीय अंक-पद्धति को तो अपना लिया गया, किंतु अंक-संकेत कौन-से रखे जाएँ—हिंद के या अरब के—इस बात को लेकर काफ़ी समय तक कशमकश चलती रही । कई अरबी गणितज्ञों ने अपनी पुस्तकों में भारतीय उत्पत्ति के गुबार अंकों का ही इस्तेमाल किया । देखिए, 970 ई. के एक अरबी ग्रंथ में गुबार अंक किस प्रकार के थे :

*दसवीं सदी की एक अरबी पुस्तक में गुबार (भारतीय) अंक*

लेकिन अंत में अरबी अंकों को ही रखना बेहतर समझा गया । अंक-पद्धति भारतीय थी । अंकों के लिए कोई भी दस चिह्न लिए जा सकते हैं । अरबों ने अपने अंक रखकर अच्छा ही किया । नई भारतीय अंक-पद्धति के ये अरबी अंक हैं :

١ ٢ ٣ ٤ ٥ ٦ ٧ ٨ ٩ ٠

*अरबी अंक-संकेत । यहाँ शून्य के लिए भक्षाली हस्तलिपि की तरह एक बिंदी है ।*

ऐसा लगता है कि सातवीं शताब्दी के मध्यकाल तक नई भारतीय अंक-पद्धति की ख्याति सीरिया आदि पश्चिमी एशिया के देशों में पहुँच चुकी थी । सीरिया का एक विद्वान **सेवेरस सेबोख्त** (ईसा की सातवीं सदी)

लिखता है —"मैं हिंद वालों के शास्त्रों के सभी विवेचन को छोड़ देता हूँ—मैं उनकी वर्णनातीत गणना के विषय में भी नहीं कहूँगा। मैं यही कहना चाहता हूँ कि यह गणना नौ चिह्नों से की जाती है।"

शून्य के बिंदु या वृत्त को अंक मानने का रिवाज हमारे यहाँ भी नहीं है। हम भी अंक नौ ही मानते हैं। नौ अंकों से गणना करने का मतलब ही है नई अंक-पद्धति की गणना। सेबोख्त जब नौ भारतीय अंकों की बात करता है तो उसका मतलब है नई अंक-पद्धति, शून्यवाली स्थानमान अंक पद्धति। गुबार अंकों का ज्ञान अरबों ने पहले-पहल शायद सीरिया से ही प्राप्त किया था।

अरबी विद्वानों ने भी भारतीय अंक-पद्धति की खूब स्तुति की है। कुछ अरबी गणितज्ञों ने भारतीय अंक-पद्धति पर पुस्तकें भी लिखीं। अरबों की सहायता से ही भारतीय अंकों का यूरोप के देशों में प्रवेश हुआ।

# यूरोप में भारतीय अंक

मिस्र की नील नदी के मुहाने के पास के सिकंदरिया बंदरगाह से भारत के पुराने व्यापारी संबंध थे। भारतीय माल वहाँ पहुँचता था; व्यापारी भी वहाँ पहुँचते थे। लेनदेन होता होगा; हिसाब-किताब चलता होगा। एक-दूसरे के गिनती के तरीकों के बारे में भी जानकारी मिलती होगी। ईसा के बाद की कुछ शताब्दियों में भारतीय अंक वहाँ जरूर पहुँच गए होंगे। वहाँ से पश्चिमी एशिया के सीरिया आदि देशों और उत्तरी भूमध्यसागर के इटली आदि देशों में भारतीय अंक-पद्धति का ज्ञान पहुँचा होगा।

उस समय भारतीय अंक दक्षिणी यूरोप के देशों में पहुँचे भी होंगे तब भी वहाँ उनका उस समय प्रचार होना संभव नहीं था। क्योंकि उस समय यूरोप ज्ञान-विज्ञान के अंधकार की नींद में सोया पड़ा था। यूनान और रोम के वैभवशाली दिन बीत चुके थे। भारतीय अंक-पद्धति के महत्व को गणितज्ञ ही पहचान सकते थे, व्यापारी नहीं। आज भी हमारे देश के बनिये पुराने तरीके से ही अपने बहीखाते लिखते हैं। उनकी लिपि भी पुरानी और अशुद्ध

होती है ।

अरबों के प्रयास से यूरोप में पुनः ज्ञान-विज्ञान की हलचल शुरू हुई । आठवीं सदी के आरंभ में अफ्रीका होते हुए अरबों ने स्पेन पर हमला बोल दिया था । उन्होंने फ्रांस पर भी अधिकार कर लिया । स्पेन, फ्रांस आदि देशों के ये अरब 'मूर' नाम से जाने जाते हैं । मूरों ने दक्षिण-पश्चिमी यूरोप पर लगभग पाँच सौ साल तक शासन किया । वहाँ उन्होंने तलेतला, गरनाता, कर्तबा, शेविली आदि स्थानों पर विद्याकेंद्र स्थापित किए । इन विद्याकेंद्रों में अरबी ग्रंथों का अध्ययन होने लगा । इन अरबी ग्रंथों में बहुत-से ग्रंथ ऐसे थे जिनका यूनानी और संस्कृत भाषाओं से अनुवाद हुआ था ।

स्पेन, फ्रांस और इटली के ईसाई विद्वान इन विद्याकेंद्रों में आकर अरबी ग्रंथों का अध्ययन करने लगे । धीरे-धीरे उन्होंने इन ग्रंथों का लातिन भाषा में अनुवाद करना शुरू कर दिया । इस प्रकार यूरोप के विद्वानों को न केवल अरबी ज्ञान की, बल्कि प्राचीन यूनानी और भारतीय ज्ञान-विज्ञान की भी जानकारी मिलने लगी । यूरोप में नए जागरण का युग शुरू हुआ ।

ज्ञान-विज्ञान के लिए यूरोप मूरों का कितना ऋणी है, इसके बारे में गणित के प्रसिद्ध इतिहासज्ञ **अल्फ्रेड हूपर** ने अपने 'गणित के निर्माता' ग्रंथ में लिखा है :

''बहुत-सी ऐसी बातें हैं जिनके लिए हम मूरों के कृतज्ञ हैं । उन्होंने औषधि और चिकित्सा विज्ञान संबंधी

बहुत-सी बातें हमें दी हैं। धातु और चर्म-व्यवसाय की बहुत-सी विधियाँ उन्होंने हमें सिखाईं। उन्होंने स्पेन में जल-कूप, तालाब व नहरें खोदीं। सबसे बड़ी बात यह है कि उन्होंने अंधकार में सोए हुए असभ्य यूरोप में भारत व पूर्व के देशों के ज्ञान का प्रकाश फैलाया। हिंदवालों से सीखी हुई उस अद्भुत नई अंक-पद्धति का उन्होंने ही स्पेन में प्रचार किया। इसी नई अंक-पद्धति ने आधुनिक विज्ञान और इंजीनियरी का मार्गदर्शन किया है।''

हम बता चुके हैं कि अरब देशों में शुरू में गुबार अंकों का इस्तेमाल हुआ था। अरबी गणितज्ञों ने इन अंकों का इस्तेमाल किया था और इनके बारे में पुस्तकें भी लिखी थीं। गुबार अंकों का विकास भारत के ब्राह्मी अंकों से हुआ था। अशोक के और नाणेघाट के गुफालेखों में हम इन अंकों का पूर्वरूप देख सकते हैं। अब यही अंक यूरोप में पहुँचे।

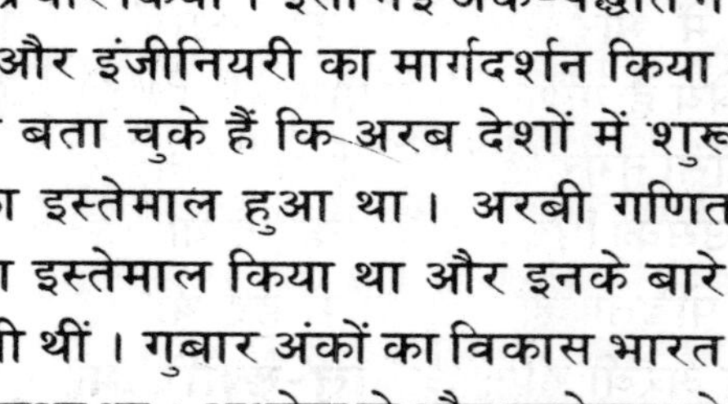

*यूरोप में भारतीय अंक (दसवीं शताब्दी)*

दसवीं सदी में स्पेन में लिखी हुई कुछ लातिन की पुस्तकों में हमें भारतीय उत्पत्ति के ये गुबार अंक देखने को मिलते हैं। उपर्युक्त अंक 976 ई. में स्पेन में लिखी गई एक पुस्तक में देखने को मिलते हैं।

दसवीं शताब्दी के कई ग्रंथों में भारतीय अंक देखने को मिलते हैं। इसी शताब्दी का एक यूरोपीय विद्वान सेवाईल का **आइसोदोरस** अपनी 'ओरिजिन्स' पुस्तक में लिखता है–"...ऐसा ही अंकगणित के चिह्नों के बारे में है। भारतीयों की बुद्धि प्रखर है। अन्य देश अंकगणित, रेखागणित तथा कला-कौशल में उनसे पीछे हैं। नौ अंकों से वे बड़ी से बड़ी संख्या लिख सकते हैं।"

यूरोप में भारतीय अंकों का सबसे अधिक प्रचार करने का श्रेय है गणितज्ञ **लियोनार्दो 'फिबोनकी'** को। इटली के पीसा नगर में 1175 ई. में 'फिबोनकी' का जन्म हुआ था। उसका पिता व्यापार करता था। लियोनार्दो की शिक्षा मूर पंडितों की देखरेख में हुई थी।

प्रसिद्ध अरबी गणितज्ञ **अल्-ख्वारिज्मी** ने 825 ई. के आसपास गणित की एक पुस्तक लिखी थी। इस पुस्तक के आधार पर 1202 ई. में लियोनार्दो ने 'लिबेर एबेकी' नाम का ग्रंथ लिखा। फिबोनकी ने अपने इस ग्रंथ में भारतीय अंकों के बारे में पूर्ण जानकारी दी और इनका खूब प्रचार किया। लियोनार्दो 'फिबोनकी' अपने समय में यूरोप के चोटी के गणितज्ञ थे। इसलिए उनके इस ग्रंथ का लोगों पर बहुत प्रभाव पड़ा और तब धीरे-धीरे यूरोप में भारतीय अंक और अंक-पद्धति का प्रचार होने लगा। तब से 15 वीं सदी तक भारतीय अंकों के यूरोप में कैसे रूप रहें, इसे नीचे के चित्र से जाना जा सकता है:

पंद्रहवीं सदी से यूरोप में पुस्तकें छपने लग गई थीं।

1 2 3 4 5 6 7 8 9 0

बारहवीं शताब्दी

1167 ई.

1275 ई.

1294 ई.

1303 ई.

1390 ई.

1442 ई.

*यूरोप में बारहवीं सदी से पंद्रहवीं सदी तक के भारतीय अंक*

तब अक्षरों और अंकों के टाइप बने । टाइप बनने से अंकों के रूप स्थिर हो गए । असल में, आज अंग्रेजी के साथ जिन अंकों का इस्तेमाल होता है, वे मूलतः भारतीय अंक हैं । इन अंकों का विकास भी भारत के ब्राह्मी अंकों से हुआ है । इसीलिए आज हम इन्हें **भारतीय अंतर्राष्ट्रीय अंक** कहते हैं ।

शुरू-शुरू में केवल गणितज्ञों ने ही भारतीय अंकों को अपनाया था । यूरोप के व्यापारी और स्कूल रोमन अंकों का ही इस्तेमाल करते रहे । 1600 ई. तक यूरोप के स्कूलों में और 1700 ई. तक बहीखातों में रोमन अंकों का व्यवहार होता रहा । उसके बाद सारे यूरोप में भारतीय अंक स्वीकार कर लिए गए । आज सारे संसार में इसी

भारतीय अंक-पद्धति का इस्तेमाल होता है।

यूरोप में **और** आज सारे संसार में चलनेवाले इन अंकों को कुछ लोग 'अरबी अंक' कहते हैं। यूरोपवालों को अरबों से ये अंक मिले थे, इसीलिए शायद वे इन्हें अरबी अंक कहते हैं। परंतु स्वयं अरबी विद्वानों ने इन्हें 'हिंदसा' यानी हिंद के अंकों का नाम दिया था। दरअसल, ये हमारे देश के अंक हैं, भरतीय अंक हैं। अंक-पद्धति भी भारतीय, अंक-संकेत भी भारतीय।

# उपसंहार

सचमुच ही, हमारे लिए यह बड़े गर्व की बात है कि आज सारे संसार में भारतीय अंक-पद्धति का व्यवहार होता है। परंतु हमारे पूर्वजों का यह महान आविष्कार हमें कुछ सोचने के लिए भी मजबूर करता है।

शून्यवाली नई अंक-पद्धति का आविष्कार लगभग पहली शताब्दी में हुआ। इसको प्रसिद्धि मिलने के लिए और तीन-चार सौ साल का समय गुजरा। आर्यभट का समय (500 ई.) आया। तब से अभिलेखों में इस नई अंक-पद्धति का इस्तेमाल होने लगा। पर आर्यभट से भास्कराचार्य (1150 ई.) तक हमारे देश के महान गणितज्ञों को अपने ग्रंथों में इस नई अंक-पद्धति का अंकों में इस्तेमाल करने की जरूरत नहीं पड़ी। दसवीं शताब्दी से सर्वत्र नई अंक-पद्धति का व्यवहार होने लगा। लेकिन उसके बाद हमारे देश में ज्योतिष और गणित के क्षेत्र में नया कुछ नहीं खोजा गया। भास्कराचार्य के बाद सात सौ साल तक हमारे देश में एक भी चोटी का गणितज्ञ पैदा नहीं हुआ। हमारे देश के पंडितों ने अपनी इस नई

अंक-पद्धति से कोई विशेष लाभ नहीं उठाया। हमारे पंडित पुराणपंथी बने रहे।

दूसरी ओर, दसवीं शताब्दी के बाद भारतीय अंक-पद्धति का यूरोप में प्रचार हुआ तो वहाँ के गणितज्ञों ने इससे खूब लाभ उठाया। वहाँ गणित ने तेजी से उन्नति की। आधुनिक गणित का विकास यूरोप में हुआ।

हमें यह भी जान लेना चाहिए कि दस अंकोंवाली अंक-पद्धति ही गणना की सबसे उत्तम पद्धति नहीं है। गणितज्ञ इस बात को जानते हैं कि गणना का आधार 12 या 16 रहे तो गणना में अधिक सुविधा है। हमारे हाथों की उँगलियाँ दस न होकर 12 या 16 होतीं तो आज शायद गणना का आधार 12 या 16 ही होता। गणना के लिए किसी भी आधार को चुना जा सकता है।

आधुनिक इलेक्ट्रोनिक गणकयंत्रों (कंप्यूटरों) में दो अंकों से—0 और 1 से—गणनाएँ होती हैं। गणकयंत्रों का इस्तेमाल धीरे-धीरे बढ़ रहा है। आगे शायद ऐसा भी समय आए जब आदमी पाटी या कागज पर गणनाएँ करना छोड़ दे और अपनी सारी गणनाएँ गणकयंत्रों के जिम्मे सौंप दे। तब गणना में केवल दो अंकों का अस्तित्व रह जाएगा—0 और 1!

• • •